智慧的觉醒

刘睿 ——— 著

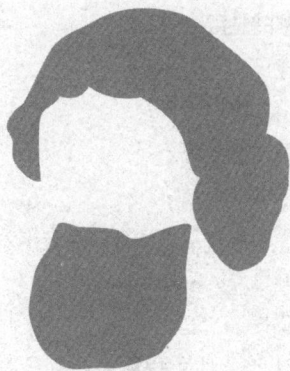

中国友谊出版公司

图书在版编目（CIP）数据

智慧的觉醒 / 刘睿著 . -- 北京：中国友谊出版公
司，2021.7

ISBN 978-7-5057-5189-7

Ⅰ. ①智… Ⅱ. ①刘… Ⅲ. ①哲学家－生平事迹－世
界 Ⅳ. ① K815.1

中国版本图书馆 CIP 数据核字 (2021) 第 059754 号

书名	**智慧的觉醒**
作者	刘睿
出版	中国友谊出版公司
发行	中国友谊出版公司
经销	新华书店
印刷	大厂回族自治县德诚印务有限公司
规格	880×1230 毫米　32 开
	9 印张　185 千字
版次	2021 年 7 月第 1 版
印次	2021 年 7 月第 1 次印刷
书号	ISBN 978-7-5057-5189-7
定价	49.00 元
地址	北京市朝阳区西坝河南里 17 号楼
邮编	100028
电话	(010) 64678009

前　言

　　一直以来，哲学都像是神庙上的神谕，被人们视为神圣却又晦涩深奥的学问，以至于连追求哲学的哲学家都被人们供奉在高高的神龛之上，成为人们敬而远之的一个群体。然而，哲学家绝不是"思想艰深""性格古怪""行为诡异"和"脱离世俗"这些词的结合体，这些词描绘的只是哲学家的一个个侧影，远远不是全貌。事实上，哲学家和我们每一个人一样，生活在现实的世界。曾经看过一些关于趣味哲学和哲学故事的书，在那些著作中，深奥的哲学理论被蕴涵于一个又一个的小故事、小事例中，让读者在轻松的环境中去了解哲理、体味哲学；让读者相信哲学不应该被束缚在神庙里，成为少数人和众神飨食的祭品；让读者相信哲学就是生活，并且蕴藏于生活的各个角落，人人都可以学哲学。受到这些著作的启发，我们也希望能够还原哲学家们真实的面貌，展现出一个个哲学家的全貌，而不是他们的侧影。

哲学家是一群可爱的人，他们的可爱是不应该被他们严谨的治学态度和艰深的思想所掩盖的。维特根斯坦是一个标准的哲学家，他聪明绝顶，却又认真踏实，一丝不苟；生活上清心寡欲，拒绝继承巨额财产，过着准修道士的禁欲生活。从某种意义上说，他的生活是人们想象中的哲学家式的枯燥生活。但是，我们在他的生活中仍然可以看见许多闪闪发光的趣事。当维特根斯坦阅读完罗素的著作后，对哲学产生了浓厚的兴趣，于是他就跑去问罗素他是不是一个天才，如果是，他就研究哲学，做一个哲学家；如果不是，他就回去开飞艇。还有一次，他和病重的摩尔讨论问题远远超过了规定的探病时间，摩尔的夫人指责他妨碍摩尔休息，影响摩尔健康。他却说，谈论哲学问题是摩尔的兴趣所在，如果真的在谈论问题过程中，摩尔因为过于激动而死去，那就让摩尔死好了，因为那样死得其所，一个人应该用他毕生的精力去从事自己所擅长的事，而不应该单纯为了延长生命而放松对工作的努力。在众多哲学家中，这样可爱的事例不胜枚举。他们或是因为自己的机智，或是因为自己的痴迷，或是因为自己的单纯，在日常生活中做出一些让我们觉得可笑却可敬的行为。他们确实是一群很可爱的人，只是需要我们去亲近、去发现。

哲学家也是一群浪漫的人，在理性的天空放牧着白云般的绵羊。诚然，哲学家的队伍中有很多像康德、阿奎纳这样老学究式的人物，但也不缺乏卢梭、罗素这样的浪漫主义者，他们具有诗人一般的气质。他们追求爱情，追求自由，热爱生活，热爱真理。罗素曾经就说，对爱情的渴慕、对知识的追求和对人类苦难的无与伦比的同情，这三种情感极其强烈地支配着他的一生。这三种情感是罗素一生的真实写照，也是大部分哲学家的生活的写照。

当然，哲学家们由于性格、人生经历、研究的领域，也会做出一些糟糕的行为，在常人看来这些都是匪夷所思的。毕达哥拉斯曾阻止人们鞭打一条幼狗，说它体内有他一位朋友的灵魂。而尼采则抱着马脖子哭泣，说"我的兄弟啊"。黑格尔曾经说，对于同一条宗教格言，一个老人和一个小孩说出来的意义是不一样的。因为对于这个老人来说，这条格言包含着他所有的生活；而对于这个小孩来说，或许他能够理解格言的意思，但是格言只是格言，里面没有生活。对于哲学家来说，他的生活就是他的哲学，他的哲学就是他的生活，我们可以不理解，但我们必须宽容，我们要捍卫他们的权利。除了糟糕的行为外，哲学家也会犯下一些错误，就像亚里士多德曾经断言10磅重的铁球下落速度是一磅铁球的10倍。或许正如海德格尔所说，思想伟大的人，犯的错误也大。

哲学家是一群爱思辨的家伙，他们有自己可爱的一面，有自己的浪漫情怀，有自己的搞笑天分，他们都是有血有肉的人。我们接触他们的逸闻趣事，就是接触他们的生活，而我们了解他们的生活，就是了解他们的哲学。我们的目的不是抬高哲学家在神龛上的位置，也绝不是要把他们从神龛上拉下来。我们希望通过收集整理哲学家们的一些哲理故事、生活趣事，向读者们展现一个个丰满的、全面的哲学家形象，引导读者了解哲学家的生活，了解他们的哲学，以更宽容、更谨慎的思辨心态去看待哲学。笛卡尔说："最伟大的人有最高尚的美德，同时也能做最糟糕的坏事。"那些试图从哲学中寻找人生智慧的人应该小心，尽管哲学能够启迪你的智慧，但是不要迷恋哲学家月光下的侧影，小心迷失了回家的路。那些爱思辨的家伙的另外半张脸，你看见了吗？

目 录 CONTENTS

philo s pher

泰勒斯：西方哲学的开山鼻祖

　　泰勒斯（约前 624—约前 547），小亚细亚米利都人，古希腊"七贤"之首，古希腊传说中的第一个自然科学家和哲学家，黑格尔称哲学是从泰勒斯的命题开始的。他是米利都学派的创始人，主张以唯物主义的观点来看世界，在天文学、数学、气象学等方面都有贡献。

　　其主要哲学观点是：万物是由水而生成，又复归于水。

哲学≠贫穷

一天晚上，泰勒斯到野外观察星空，他一边走一边仰望天空，突然间"噗通"一声，一下子摔进了一个大水坑里，弄得狼狈至极。原来他的注意力太集中了，没有注意到前面有一个大水坑。幸好水不是很深，可是他却没有办法爬上来。

"救命啊，救命啊！"泰勒斯只好高声呼救。

过了一会儿，有人路过，把他从水坑中拉了起来。

"明天要下雨！"泰勒斯一边抖动衣服，一边神神秘秘地对帮助他的人说，似乎是为了报答那个人的救命之恩才告诉他这个消息的。

"我不需要你告诉我这个消息，以后你还是多看看地上的路吧。"那个人不以为意地说。

在回家的路上，那个人把泰勒斯的预言告诉了城邦的人，大家都觉得好笑，认为泰勒斯是个十足的傻子。可是第二天果然下起了雨，人们对泰勒斯能够知道天上的事情感到很惊讶。2000多年后，黑格尔评论这个故事说："只有那些永远躺在坑里，从不仰望天空的人，才永远也不会掉进坑里。"后来，泰勒斯又成功地预言了日食现象。于是，人们觉得他"上知天文，下知地理"，就把他看作圣人。

可是，由于泰勒斯把时间和金钱都用来研究学问，既不做官，也不经商，城邦里的一些人认为他不务正业，对他议论纷纷。有一天，一个开油坊的富人在大街上和他不期而遇，他不怀好意地对泰勒斯说："泰勒斯啊泰勒斯，你虽然知道天上的事情，可是却看不见脚下的水坑。你虽然被称为最聪明的人，可是却一贫如洗。可见你的哲学是一点用处都没有的！"

为了向人们说明知识对人类生活的重要作用，泰勒斯决定找个机会教训教训那些嘲笑知识的人，他在一首诗中写道：

> 多说话并不表示有才智，
> 去找一件唯一智慧的东西吧，
> 去选择一件唯一美好的东西吧，
> 这样你就会钳住许多饶舌汉的嘴。
> ……

这一年冬天，泰勒斯在观察天象时发现，来年特别有利于橄榄的生长，他预测明年橄榄一定会大丰收。于是，他拿出了全部的积蓄，租用了米利都和丘斯两个城邦所有闲置的橄榄榨油机。由于当时正好是冬季，而且橄榄连续几年都歉收，好多油坊都闲置起来，所以泰勒斯以很低的租金就搞定了这件事。当然，泰勒斯也租用了那位看不起他的富人的榨油机。

到了第二年，橄榄果然大丰收了。这两个城邦所有油坊的榨油机全部开足马力都来不及加工。这时几乎所有的油坊老板都想到了泰勒斯去年租用的那些空闲的榨油机。泰勒斯当然根据价值规律抬高了他租来的榨油机使用权的租金。由此，他大大地赚了一笔。

去年当泰勒斯向那个富人租用榨油机时，他还暗中嘲笑泰勒斯是一个傻瓜，可是现在他也不得不求助于泰勒斯。泰勒斯当然毫不留情地向他索要了最高的租金，由于这位富人没有别的办法可想，只得忍痛接受了泰勒斯苛刻的租借条件。后来亚里士多德在评价这个故事时说："只要哲学家们愿意，就很容易发财致富，但是他们的雄心却是属于另外的一种。"

水是万物的始基

"本原"是宇宙论的核心概念，可以说是第一个哲学概念。本原主要有两方面的含义："开端"和"主宰"。泰勒斯把单一的实体"水"假定为宇宙构成的本原物质。不难理解他为什么选择水为基本构成成分，因为水有三种存在形态：液态、固态和气态。他认为，尽管物体聚合的形态可以不同，但其质料依然是同样的，因而断定一切物体是由同一种质料构成的。在说明地球在众星体之中的位置时，他断言，地球飘浮在空间中，正如一只球漂浮在水中一样。他做出这一论断，可能受到了古代神话的影响，因为古希腊神话把海神夫妇作为创世的双亲。

泰勒斯是有文献记载的最早对自然进行哲学思考的哲学家，他摆脱了宗教神话的束缚，试图从变化万千、丰富多彩的自然万物中概括它们统一的本原。可能是由于哲学家刚开始进行哲学思考时，还没有普遍抽象的概念可用，只能用感性直观的东西来表示或象征普遍的东西。"水"是自然界中的一种元素，体现了自然哲学家以自然说明自然的哲学原则，它不仅仅是一种特殊的自然元素，因为它表征的是作为万物的开端和主宰从而生化万物且始终保持自身同一性的本原，所以具有普遍性和流动性。

philosopher

毕达哥拉斯：不能对着太阳撒尿

毕达哥拉斯（约前580—前500），古希腊哲学家，毕达哥拉斯学派创始人，第一个使用"哲学"一词的人，认为哲学家就是爱智慧的人。毕达哥拉斯年轻时游学于埃及、巴比伦，学到那里的天文学和几何知识，后返回希腊，在克罗顿招徒结社，创建自己的学派。

该学派有两条最能概括他们思想特色的典型格言："什么最智慧？——数目"，"什么最美好？——和谐"。

第一位民众教师

毕达哥拉斯在东方学成归来后，本来是想在自己的家乡萨摩斯岛传授知识的，可是当时萨摩斯岛政局混乱，他只得离开家乡，来到意大利南部的克罗顿。下船后，毕达哥拉斯朝城里走，一边走一边盘算如何在这个新地方实现自己的计划。半路上，他看见几个渔夫垂头丧气地从一条岔路上走过来。毕达哥拉斯上去和他们搭话，才知道这些渔夫今天在海边捕鱼一无所获。他约略回想了一下自己刚才走过的海边，就对渔夫们说："你们想打到鱼吗？我带你们去一个地方，保证你们撒下网就能打到很多鱼。"渔夫们听了很高兴，要毕达哥拉斯赶快告诉他们在何处能打到鱼。这时，毕达哥拉斯说："不过，我有一个条件，就是等你们打到鱼后，我叫你们做什么你们就得做什么。如果你们答应了，我就带你们去。"渔夫们答应了，于是毕达哥拉斯带他们到了一个自己刚才走过的地方，渔夫的网撒下去果然打到了不少鱼。这时毕达哥拉斯说出了要求他们做的事，就是趁这些鱼还活着立刻全部放回到海里去。渔夫们信守诺言，把鱼都放了，他们回去后立刻把这件事传播开了。这样一来，毕达哥拉斯很快就成了一个引人注目的人。

毕达哥拉斯到了克罗顿以后，首先帮助当地人学会做生意，并将怎样用秤称东西和用尺量长度的方法介绍给人们，使人们在同外地来的商人做生意时增加了收入。这样一来，当地人就更加尊敬他了。为了能更广泛地向人们传授知识，他决定开办一所公众学校。学校开办后，在这里学习的达 300 多人，毕达哥拉斯成了第一位公众教师。

这是一个集宗教、政治和学术为一体的团体，人称"毕达哥拉斯学派"。这是一个具有神秘性质的组织，弟子在这里学习五年之后，才能第一次和老师见面。而且这个团体不分男女都可以参加，地位一律平等，财产是公有的，甚至所有哲学上的发现也都是集体的。毕达哥拉斯还为这个团体规定了许多奇怪的戒律，比如：不准用铁器拨火、不准在指环上雕刻神像、不准吃动物的心、不准吃豆子、不准踩豆子地 …… 这些禁忌的用意何在，后人有种种分析。有的人认为纯粹是为了使团体带上神秘的色彩；有的人认为像禁食公牛和小牛肉、不准吃豆子和踩豆子地，与发展畜牧业和农业有关；还有人认为是从宗教迷信思想出发，为了使灵魂净化，使附着于人体的灵魂在人死后得以超升，脱离轮回之苦，有些禁令还有政治方面的原因。毕达哥拉斯的团体很成功，一段时期内甚至取得了克罗顿地区的统治权。但是木秀于林，风必摧之，敌对势力联合起来向毕达哥拉斯的团体发动了突然攻击。相传学生们保护着毕达哥拉斯逃了出来，敌人在后面追，当他们跑到一块豆子地时，毕达哥拉斯坚决奉行自己不踩豆子地的戒律，被追上来的敌人捉住杀掉了。但也有传说说他曾用牙齿咬死过一条毒蛇，由此预言自己的学派会遭遇一场政治迫害，于是他来到迈达朋托，最后在这里去世。

毕达哥拉斯学派的禁忌

毕达哥拉斯为自己的学派制定了许多奇怪的禁忌，但是由于其组织的神秘性，人们一直无法知道该学派所有的禁忌，只能在该学派一些成员后来的某些残篇断章中了解一些：

1. 去神庙时要先敬神，路途中不要说话，不要做任何与日常生活有关的事情。

2. 在路途中既不要进入庙宇也不要敬神，甚至经过庙堂的大门也不要对神礼拜。

3. 切勿穿着鞋向神献祭和礼拜。

4. 避开大道走小道。

5. 听命于神灵，最重要的是不要随便说话。

6. 切勿用铁器拨火。

7. 帮助负重之人，勿助卸重之人。

8. 穿鞋自右脚始，洗脚自左脚始。

9. 切勿在暗处谈论毕达哥拉斯学派的事情。

10. 切勿跨越横栏。

11. 从家外出切勿朝后看，因为复仇女神紧跟着你。

12. 饲养公鸡但勿用公鸡祭祀，因为公鸡是专门奉献给太阳神和月亮的。

13. 切勿在斗上坐。

14. 切勿让燕子在屋檐下筑巢。

15. 切勿戴指环。

16. 切勿在灯旁照镜子。

17. 切勿怀疑神迹和宗教信仰。

18. 切勿大笑不止。

19. 祭祀时勿剪指甲。

20. 起床时要卷好被褥，将睡的地方抚平。

21. 切勿食心脏。

22. 切勿在被剪下来的头发、指甲上吐唾沫。

23. 切勿在灶灰上留下锅的印记。

24. 切勿食豆子。

25. 切勿食用生灵。

26. 切勿食公牛和小牛。

27. 切勿踩豆子地。

……

亚里士多德认为，毕达哥拉斯告诫说，勿食豆子，这不仅是因为豆子像阳具，而且像冥王哈德斯冥府的入口（因为豆子是唯一的无肢节植物），或者因为豆子具有毁灭的本性，或者因为豆子类似于宇宙，或者因为它们具有寡头政治的特点（它们被用来抽签以选举统治者）。他告诫人们说，勿食桌

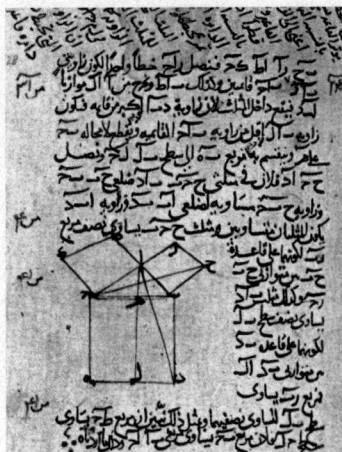

毕达哥拉斯定理手抄本

上掉下来的食物，使他们习惯于具有节制的饮食，这或者是因为这些东西会招致死亡。阿里斯托芬也说，掉下来的东西为英雄所有。勿碰白公鸡，因为这种动物是献给月神的祭品，它能报晓；而且白色是善，黑色是恶。勿碰献祭的鱼，因为神与人同享一道菜是不公正的，就像自由人和奴隶享用同一道菜肴一样不合适。勿将面包弄碎，因为古时的朋友在相会时带着一只整的面包，勿分割使他们团聚的面包，一些人解释说，这条戒律和哈德斯的审判有关；另外有些人说，分割面包会使人在战场上变得怯弱而胆小；还有人解释说，宇宙是从面包开始的。

philosopher

赫拉克利特：世界是一团熊熊燃烧的烈火

赫拉克利特（约前540—约前480与470之间），古希腊爱菲斯学派的创始人，具有丰富的辩证法思想。他认为，火是万物的本原，世界过去、现在和未来永远是一团永恒的活火，在一定分寸上燃烧，在一定分寸上熄灭。他提出了很多有名的哲学命题，如"一切皆流""一切皆变""万物既是存在着，又是不存在着""人不能两次踏进同一条河流"等，他还创造性地用"逻各斯"来抽象万物运动变化的规律。

尼采对他的评价极高："人类永远需要智慧，因而永远需要赫拉克利特。"

爱江山，更爱智慧

按照当时的政治制度，赫拉克利特是爱菲斯城邦的王位继承人，但他目睹市民的社会生活日趋变坏，权贵们的生活日益奢侈淫逸，感到十分痛心。有一次，爱菲斯被波斯人包围，生活来源被断绝，但在这样的形势下，许多人依然花天酒地。不久，城里的人就受到了饥饿的威胁。为了解决生活来源问题，城邦召开公民大会。会上，那些每天耗费大量生活资料的人不着边际地高谈阔论，讨论了半天也没有找到一个解决问题的方案。人们问赫拉克利特有何高见，他一言不发，转身回去拿来大麦面和水，在公民大会上吃喝了起来。这一举动立即被人们理解，就是说，大家都节俭就可以解决问题。人们感到无需再讨论了，默默地散去。赫拉克利特认识到，要改变败坏的社会风气，重要的是要使人们有正确的思想来指导生活，为此必须钻研学问。于是，他放弃王位，隐居郊外山里的狩猎女神庙宇之中，潜心研究学问。

后来，波斯的国王读了他写的《论自然》，特地派使者去请他到波斯讲课，并许以荣华富贵。赫拉克利特拒绝了，他在信中写道："那样多的世人生活着，对于真理和正义都是陌生的。他们由于可恶的愚昧而保持着无节制的生活和虚妄的意见。但是我呢，由于已经遗忘了一切罪恶，遗弃了跟随我的无度的嫉妒和居高位的傲慢，因此，我将不应邀来波斯，而在此山野中满足于我的卑微，并保持我的素志。"

由于长期靠吃树皮和草根度日，赫拉克利特最后得了水肿病，不得不返回城邦里求医。他用打哑谜的形式问医生能否使阴雨天变得干燥，医生不懂他的意思，他就对医治失望了，于是跑到牛厩里，把脚伸到牛粪中去，想用牛粪的热力把身体内的水弄干。可是，这种办法对水肿病没有疗效，他最终死于疾病。

人不能两次踏进同一条河流

赫拉克利特每天都和他的学生们一起出来散步，一边走一边讨论问题。有一天，他们来到河边，脱下鞋袜，蹚水过去，当走到中间时，赫拉克利特突然站住了，学生们不知道发生了什么事，

布拉曼特《哭的赫拉克利特与笑的德谟克利特》(1477)，临摹壁画，现藏米兰布雷拉 (Brera) 美术馆。

也不敢往前走，大家站在水中间，让水冲着自己的脚流去。赫拉克利特沉思了一会儿，然后郑重提醒学生记住并认真思考下面几句话：

走下同一条河流的人，经常遇到新的流水。
我们走下而又不走下同一条河，我们存在而又不存在。
人不能两次踏进同一条河流。

学生们认真地听完老师讲的这几句话，都感觉到这几句话中包含着深刻的哲理，但意思一时也捉摸不透。其中有个叫克拉底鲁的学生，认为既然一切事物都处在流动变化之中，一切皆流，那就是说事物在任何时候都在发生变化，不可能有一刻的稳定和静止。就像这条河流一样，在我们刚刚踏进去的一瞬间，它就变成另外的河流了，所以我们一次踏进去的就不是同一条河流了。

于是，他宣称"人不能两次踏进同一条河流"的说法不对，应当是"人连一次也不能踏进同一条河流"。

有一位希腊喜剧作家，听说克拉底鲁的主张后，特意按照他的这个观点编了一个喜剧，并恭请克拉底鲁在首演时观看。演出开始了，剧中人甲和乙出场了。

甲：朋友，我有急用，可现在手头没钱，请你帮帮忙，借点儿钱给我。

乙：你这个人从来就不讲信用，经常赖账不还。过去我就吃过你的亏，现在你又想来骗我的钱，告诉你，我才不会上你的当呢！

甲：朋友，你怎么这样说呢！我这个人从来都是最讲道理的，以前几次没还，不都是有道理的吗？

乙：你有什么道理？尽是歪理！你别想再耍花招了！

甲：朋友，过去的事就别提了。这次，你无论如何都要帮帮我。我向你保证，这次借的钱一个月以后准还。你要是不信，我可以向阿波罗神起誓，到期不还让神惩罚我！

乙：既然你发了誓，那就把钱拿去吧。到了一个月的期限可不能再赖账！

（甲和乙进去，过会儿两人又上场了。）

乙：一个月已经过去了，你要守信用，借我的钱该还了吧！

甲：朋友，你知道我借你的钱干什么吗？告诉你，这笔钱我交了学费，我去拜了一位老师学习哲学。学了他的哲学后，我不论做什么事都是有道理的。要不要我把他的哲学讲给你听？

乙：少废话！借钱时你对神起了誓，现在期限已到，你把钱还来，不然神要惩罚你的。

甲：按照老师教给我的哲学道理，我既不用还钱给你，也不会受到神的惩罚。我的老师说，一切都是变化的，人连一次都不能踏进同一条河流，因为河流转眼就变了。而从向你借钱到现在已经过去一个月了，现在这个我早就不是向你借钱和对神起誓的那个我了。所以，你不应该向现在的我要钱，只能去向一个月以前向你借钱的那个我要钱。现在的我是不会还钱给你的。

（乙听后非常气愤，揪住甲痛打了一顿，把甲打得鼻青脸肿。）

甲：你敢打人！你把我打伤了，我要去告你，要你赔偿损失和医药费。

（甲叫喊着跑下，乙追下。下一场中间放着桌子，后面坐着法官。）

法官：谁是原告？告什么状？

甲：是我告的状，我控告他把我打伤了，您看，脸打肿了，鼻子也出血了。法律应当惩罚他，还要他赔偿医药费。法官对乙说：是你打人吗？打人是要受到法律惩罚的。

乙：（在说明了事情的经过后，接着说道）我知道打人是犯法的，要受到法律的惩罚。但按照他从他老师那里学来的道理，一切事物都在变化，一事物马上会变成别的事物。在哲学家眼里，我这个人也是个事物，也是瞬息万变的。现在的我并没有打人，而打人时的我又不是现在的我。所以，和他不还钱给我的道理一样，法律应当去惩罚先前打人的那个我，让那个我去给他付医药费。现在的这个我是不用负任何责任的。

剧演到这里，全场观众无不捧腹大笑。正在这时，观众中有人认出了克拉底鲁，便站起来指着克拉底鲁说："大家看，那个赖账不还的人交学费拜的老师就是这位克拉底鲁先生！"全场观众一下子把眼光转向克拉底鲁，弄得他惊慌失措，无言以对，只是习惯性地伸出手来摇动大拇指。他这一招牌动作，更引起了人们的哄笑，这场喜剧也就在笑声中结束了。

幸福是什么

有一天，一个内心感到十分苦恼的年轻人，对赫拉克利特提出了一个问题：幸福是什么？

赫拉克利特看了看这位年轻人，反问他："你觉得幸福是什么？"

"我想，幸福应该是肉体的快感、拥有黄金和吃得好。"

赫拉克利特笑着对他说："如果幸福在于肉体的快感，那么牛在吃草的时候是幸福的；如果拥有黄金就是幸福，为什么驴子宁可要草料而不要黄金；如果吃得好就是幸福，那么人如果能够像牲畜一样狼吞虎咽就是幸福。可是，一个最优秀的人宁可要永恒的光荣，而不要那些很快就会消亡的东西。"

"那么你认为幸福是什么呢？"年轻人觉得赫拉克利特还是没有把幸福是什么的问题说清楚。

"在我看来，幸福就是拥有智慧。"赫拉克利特说。

"那么怎么样才能拥有智慧呢？"

"一个有智慧的人应该熟悉很多东西。一个人要有智慧也不难，就是要有能认识事物的本领。但是，博学并不能使人智慧，否则智慧也变得太容易了。有智慧的人应该具有善于驾驭一切的思想。从哲学的观点来看，如果你能承认'一切是一'，承认我的'逻各斯'，那就是智慧的。有一点你还必须特别注意，那就是人的心没有智慧，而神的心则有智慧。最美丽的猴子和人比起来也是丑陋的，最智慧的人和神比起来，无论在智慧、美丽，还是在其他方面，都像一只猴子。"

"那么我到你这儿来学习好吗？请你教我你的'逻各斯'。"年轻人的情绪好多了。

赫拉克利特高兴地说："好啊，我就收下你这个徒弟了。"

philosopher

德谟克利特：第一个百科全书式的学者

万物是由原子构成的，原子之间是虚空。

——德谟克利特

德谟克利特（约前460—前370），古希腊的属地阿布德拉人，古希腊伟大的唯物主义哲学家。他提出著名的原子理论，认为原子和虚空构成了万物的本原，原子间的相互冲击和碰撞形成了我们无穷的世界。他被称为第一个百科全书式的学者。

柏拉图的敌人

　　德谟克利特是他父亲的第三个儿子。他从小就爱好学习。有一次他一个人躲在牛棚里看书，他的父亲把一头他最喜欢的牛从他鼻子底下牵走了，可他却一点也不知道。等他出来时，才发现这头牛已经被杀用于祭神，他不由得放声大哭。

　　当他们弟兄三人都长大成人时，父亲决定分家。他把财产分成了三份。德谟克利特决定要最少的那份。他的父亲便问他为什么，他说："我想到其他地方去旅行，去寻找最有学问的人，向他学习哲学。那份财产虽少，但全是现金，对我外出旅行最有帮助。"

　　于是，德谟克利特怀揣着100塔伦特的现金离开家乡到各处去旅行。在各地的旅行中，他学了许多知识，等他到达雅典的时候，已经是一个学识渊博的人了。但在雅典他却没有受到应有的招待，虽然大家都对哲学十分热情，但当时的另外两位哲学大家普罗泰戈拉和苏格拉底却吸引了所有人的注意。他感慨道："我到了雅典，可是没有一个人知道我，也没有一个人理睬我。"他又去向人们宣传他的原子论思想，可人们已然不予接受。他不由感觉到生不逢时，他对别人说："我在这里认识了苏格拉底，但苏格拉底却不认识我。"

　　德谟克利特的原子论和柏拉图的理念论在理论上有着很深的冲突，虽然没人理睬，他依旧坚持自己的主张。为此柏拉图十分恼火，他声称要把德谟克利特的所有著作一把火全烧了。但有人劝柏拉图说："你这样做也没有任何意义，因为德谟克利特的著作已经流传得很广了。"柏拉图只得打消了这个念头，但在此后他的著作中，他从来也不提及德谟克利特，他要用漠视来贬低德谟克利特的原子论在哲学史中的地位。但即便是像柏拉图这样的大家也不能抹杀真理的光辉，德谟克利特的原子论思想至今仍为人们所讨论学习，发挥着积极的意义。

宙斯的惩罚

据说，德谟克利特有一次因为不信神而被传讯。在法庭上，他讲哲学讲科学，昏聩的法官一概不听——他只相信神。德谟克利特看了老法官一眼，忽然灵机一动，对法官说："法官先生，你最尊敬神，这是很好的。那你一定听说了，先前我的一个邻居说我得了神经病，结果给天上掉下来的乌龟打破了头。"

这件事情早已在城里传开了，法官当然也听说过了。于是，法官说："那是最高神宙斯派他的传信鸟对你邻居的惩罚。由此看来，你更应该相信神。"

哲学家说："那么好吧！我的邻居只不过说我得了神经病，最高神宙斯就派老鹰对他做了严厉的惩罚。可见神喜欢谁是十分清楚的，现在任你判我多重的刑罚都可以，反正最高神宙斯是会给我做主的。我已经看到他派出的老鹰正向这里飞来了。"

迷信的法官一听，吓得双手抱头，赶紧改口说："我知道你是最高神宙斯所喜欢的人，你使我们的城邦能得到神的保佑，你是我们城邦的光荣。我现在就宣布你无罪……"

回去以后有人问他："你不是说一切都是自然的原因引起的吗？怎么在法庭上你又说是宙斯的惩罚呢？"

德谟克利特回答说："真理只能和相信真理、爱好真理的人谈论。对于那些昏庸的家伙，只能用别的办法去对付他们。"别人又问他："那你邻居的头为什么会被打呢？"德谟克利特回答说："这里根本没有什么神的作用，而完全是自然的原因。根据对老鹰的解剖可知，老鹰是最喜欢吃乌龟肉的。但乌龟的壳很硬，为了吃到龟肉，老鹰常把乌龟叼起飞到空中，当看到地上有光滑的石头时，便将乌龟甩下来，龟壳甩破，龟肉也吃到了。当时，这位邻居站在太阳下面，阳光照在他的光头上，老鹰从空中往下看，误以为是一块光滑的石头，便将乌龟对准光头甩下来了。"

什么是快乐

德谟克利特学成回乡后，由于知识渊博，时常有各地的人们前来请教人生中遇到的问题。有一次，一个年轻人来问他："什么是快乐？"

德谟克利特说："快乐与不适构成了你应该做和不应该做的事的标准，也决定了有利和有害之间的界限。""那是不是吃得好、穿得好就是快乐呢？"年轻人又问。"这可以说是快乐的一种形式。但对那一些只是沉溺于口腹之欲，并在吃、喝、情爱方面过度的人，快乐是很短暂的。他们只有在吃着、喝着的时候是快乐的，而随之的坏处却很大。除了瞬息即逝的快乐之外，这一切之中丝毫没有什么好东西，因为总是重新感觉到有需要未满足，所以我们应当拒绝一切无益的享乐。"德谟克利特语重心长地说。

"那么对于快乐，我们是不是应该尽情享乐呢？"年轻人又问。

"不！享乐应该节制。节制使快乐增加并且使享乐更加强。无节制的欲望是儿童的事，而不是一个成人的事。不合时宜的享乐会产生厌恶。"

德谟克利特看了看年轻人又接着说："人们通过享乐上的节制和生活的宁静致远，才能得到快乐。应该定心于那些可能的东西，满足于我们力所能及的事物，不要太注意那些作为人所嫉妒和羡慕的对象的人，思想上也不要老是惦记着他们。应该把眼光导向那些生活贫穷的人，并且想想他们的痛苦，这样你所能支配的这点财富就会显得很大、很可羡慕了，并且不会再因为永远想要多一些而给自己的灵魂带来伤害。应该去追求自己所有的，而且经常要和那些更不幸的人去比一比。如果你接受了这一原则，那么你就能生活得更愉快，并且驱除生活中不少的恶：嫉妒、仇恨和怨毒。"

"难道拥有财富不是一件快乐的事吗？"年轻人对于德谟克利特没有提及财富感到奇怪。所以他特别提出了财富的问题。

"给人幸福的不是身体上的好处，也不是财富，而是正直和谨慎。凡是期望灵魂之善的人，追求某种神圣的东西；而追求肉体快乐的人则只有一种容易幻灭的好处。当然，在使人乐意的事物中，那最稀有的就给以我们最大的快乐。一个人如果太缺乏财富，那么拥有财富会使他觉得快乐。可是一个明智的人，不应该愁自己没有的东西，而应该享受他拥有的东西。如果对一种特定对象的欲望过于强烈，就会使灵魂看不见其余的一切。对财富的欲望也是这样。"德谟克利特这么回答。

"那么我们应该追求美吗？"年轻人又问。

"是的，大的快乐来自对美的瞻仰，追求美而又不亵渎美，这种爱是正当的。不过身体的美，若不和聪明相结合，就是种动物性的美。如果你打开自己的内心，会看到里面是一大堆各种各样坏的情欲。人应该每天怀着新的思想。追求知识，就可以使我们避免许多的不快乐。对别人所有的东西，不要有嫉妒之心。嫉妒的人常常自寻烦恼，这是他自己的敌人。"德谟克利特这么说。

"德谟克利特，你是对的。"年轻人很快乐地走了。

受到表彰的犯人

德谟克利特的故乡阿布德拉城邦规定："浪费掉祖业的人，不得在阿布德拉城举行葬礼。"所以，当德谟克利特回到阿布德拉之后，他遭到了一场审判，他被控"挥霍财产罪"。原因是德谟克利特经常外出旅行，有些人企图占有他剩下的财产，便控告他浪费祖产，对族中的事不加理会，把好好的园子变成了杂草丛生的荒地。根据该城的法律，犯了这种罪的人，要被剥夺一切权利并驱逐出城。

德谟克利特来到了法庭上，为自己做了如下的辩护："在我同辈的人当中，我漫游了地球的绝大部分地方，我探索了最遥远的东西；在我同辈的人当中，我看见了最多的土地和国家，我听见了最多的有学问的人的讲演；在我同辈的人当中，勾画几何图形并加以证明，没有人能超得过我，就是埃及所谓丈量土地的人也未必能超得过我……"

接着，他在庭上当众诵读了他的名著——《宇宙大系统》。当他读到"没有什么可以无端发生，万物都是有理由的，而且都是必然"的时候，人群中爆发出一阵欢呼，大家打断了他的诵读。他的学识和他的雄辩取得了完全的胜利，彻底征服了阿布德拉。

为了奖赏他的这一部哲学著作，法庭不但判他无罪，还决定以五倍于他"挥霍"掉的财产——500塔伦特的报酬表彰他。同时，还把他当成城市的伟人，在世就给他树立了铜像。在他死后，阿布德拉以整个国家的名义为他举办了盛大的葬礼。

philo so pher

苏格拉底：永远的"牛虻"

好的婚姻仅给你带来幸福，不好的婚姻则可使你成为一位哲学家。

——苏格拉底

苏格拉底（前470—前399），著名的古希腊哲学家，他和他的学生柏拉图及柏拉图的学生亚里士多德被并称为"希腊三贤"，被后人广泛认为是西方哲学的奠基者。他早年继承父业，从事雕刻石像的工作，后来研究哲学。他在雅典和当时的许多智者辩论哲学问题，主要是关于伦理道德以及教育政治方面的问题。他被认为是当时最有智慧的人。他有很多学生，其中最为著名的是哲学家柏拉图与色诺芬。由于他本人没有任何著述传世，我们对他的了解也主要是从这两位哲学家的著作中得到的。在欧洲文化史上，他一直被看作是为追求真理而死的圣人，就好比孔子在中国历史上所占的地位。

丑陋的相貌，高尚的灵魂

苏格拉底长得很丑，他脸面扁平，嘴唇肥厚，眼球突出，鼻子扁大而向上翘，还有张奇大无比的嘴巴。他的学生色诺芬评价他说，"比萨提尔滑稽戏里的一切丑汉都还丑"。他的怪模怪样常常惹来人们的嘲笑，甚至成为朋友们聊天的谈资，但他自己丝毫不在意。他说："实用才是美的，一般人的眼睛深陷，只能向前看，而我的眼睛可以侧目而视；一般人的鼻孔朝下，因而只能闻到自下而上的气味，而我可以闻到整个空气中的美味。至于大嘴巴、厚嘴唇，可以使我的吻比常人更加有力、接触面更大。"在他看来，跟俊美的外貌相比，崇高的灵魂和智慧才是更值得人们去追求的。

苏格拉底从来不把人世间的物质享受当作人生的追求目标。他有一句名言："这个世界上有两种人，一种是快乐的猪，一种是痛苦的人。做痛苦的人，不做快乐的猪。"在他看来，不追寻高尚的道德，不探求世界的真理，仅仅去追求生活上的享乐的人便与猪无异。他虽然很贫困，但对自己的石匠工作并不十分卖力，只要收入够一家糊口就不多干了。他总是在天亮前起床，匆匆忙忙地吃些浸了酒的面包，穿上长袍，披上件粗布斗篷，便出门找人讨论问题去了。他常在商店、寺庙、朋友家、公共浴室，或者是一个街口与人辩论，探讨与智慧和真理相关的问题。有一次雅典对外进行战争，苏格拉底作为公民参加了战斗。当时正值冬天，在行军过程中，所有的人都穿着厚衣服，用毛毡裹着脚，只有苏格拉底穿着平时的衣服，光着脚在冰上走，脑海仍念念不忘地思考着哲学问题。

标榜自己无知的人

古希腊人信仰奥林匹斯诸神，其中伟大的太阳神阿波罗被认为是希腊精神的象征，他代表艺术、音乐、诗、美、政治品德，还有合乎礼节的行为。古希腊人建筑了供奉阿波罗神的德尔菲神庙，在神庙里有一块圣石，被认为标示着宇宙的中心，德尔菲神庙的女祭司被认为具有通神的能力，能对未来做出预言，也能代表阿波罗神回答人世间的任何问题。一次，有一位叫凯勒菲的雅典青年跑到德尔菲神庙去，他求问的是是否有比苏格拉底更有智慧的人。女祭司传下神谕，没有比苏格拉底更有智慧的人。

苏格拉底听到这个消息后，完全陷入了迷惑，因为他认为自己一无所知。但是女祭司是代表阿波罗神做出的回答，因此也不可能撒谎。为了更深地认识神谕，他就四处访问以智慧出名的人，看看他是否能指正神犯了错误。他想，如果能找到一个人比我智慧，那就可以到神那里去提出异议了。他先找到了一个以智慧著称的政治家，同他交谈，对他仔细观察，但结果却发现这个人没有智慧。苏格拉底又试图告诉他这一点，于是得罪了这位政治家。接着苏格拉底又去请教诗人，请教工匠，请教所有被人们认为是有智慧的人。但最后的结果是他得罪了所有的这些人，因为他发现他们都没有智慧，并且成功地向他们指出了这一点。这样到了最后，苏格拉底终于发现神的回答是正确的。他之所以是最有智慧的人正是因为他知道自己无知，而那些自以为自己很有智慧的人都是缺少智慧的自大狂。他说："智慧意味着自知无知。"他还说："我平生只知道一件事，就是我为什么那么无知。"

有一次他的一个学生对此表示质疑，在他看来苏格拉底已经有非常多的知识了，为什么还因为觉得自己无知而整日闷闷不乐呢？苏格拉底在地上画了一大一小两个圈，对他的学生们说："你们的知识就好比中间的小圆，而我的就像是外面的大圆，我与外界未知的知识接触得更为宽广，这更令我感到惶恐不安啊。"

悍妇造就的哲学家

苏格拉底有一句名言："好的婚姻仅给你带来幸福，不好的婚姻则可使你成为一位哲学家。"在许多人看来，这即是他自己生活的最佳写照。苏格拉底为人和善，有着非常多的朋友，但他的妻子珊蒂佩却脾气暴躁，极难相处。据说也正是由于珊蒂佩脾气暴躁，才使得苏格拉底没法待在家里，只能够长久地待在广场上同别人争辩。有一次，苏格拉底正在和学生们讨论学术问题、互相争论的时候，他的妻子气冲冲地跑进来，把苏格拉底大骂了一顿之后，又从外面提来一桶水，猛地泼到苏格拉底身上。在场的学生们都以为苏格拉底会怒斥妻子一顿，哪知苏格拉底抖了抖浑身湿透的衣服，风趣地说："我知道，干雷过后必有大雨！"有人询问他为什么要娶这样的女人为妻，他笑道："如果你能驯服一匹烈马，那么其他马又有何难驾驭呢？我能忍受她这样凶的人，天下人还有谁不能做我的朋友呢？"在西方许多国家，"苏格拉底的妻子"甚至成了一个成语，作为悍妇的代称。

关于爱情，据说苏格拉底还有这样一个故事：

有一天，一个痛苦的失恋者找到苏格拉底，希望能在这位大哲学家这里获得安慰。两人展开了如下的对话：

苏格拉底（以下称"苏"）：孩子，你为什么悲伤？

失恋者（以下称"失"）：我失恋了。

苏：哦，这很正常。如果失恋了没有悲伤，恋爱大概也就没有什么味道。可是，年轻人，我怎么发现你对失恋的投入比对恋爱的投入还要倾心呢？

失：到手的葡萄给丢了，这份遗憾，这份失落，您非个中人，怎知其中的酸楚啊！

苏：丢了就丢了，何不继续向前走？鲜美的葡萄还有很多。

失：等待，等到海枯石烂，直到她回心转意向我走来。

苏：这一天也许永远不会到来，你最后会眼睁睁地看着她向另一个人走去。

失：那我就用自杀来表示我的诚心。

苏：如果这样，你不但失去了你的恋人，同时还失去了自己，你会蒙受双倍的损失。

失：踩上她一脚如何？我得不到的别人也别想得到。

苏：可这只能使你离她更远，而你本来是想与她更接近的。

失：那我该怎么办？我真的很爱她。

苏：真的很爱？

失：是的。

苏：那你希望你所爱的人幸福吗？

失：那是自然。

苏：如果她认为离开你是一种幸福呢？

失：不会的！她曾经跟我说，只有跟我在一起的时候她才感到幸福。

苏：那是曾经，是过去，她现在并不这么认为。

失：这就是说，她一直在骗我？

苏：不，她一直对你很忠诚，当她爱你的时候，她和你在一起，现在她不爱你，她就离去了，世界上再没有比这更大的忠诚。如果她不再爱你，却还装得对你很有情谊，甚至跟你结婚、生子，那才是真正的欺骗。

失：那我为她所投入的感情不是白白浪费了吗？谁来补偿我？

苏：不，你的感情从来没有浪费，根本不存在补偿的问题。因为在你付出感情的同时，她也对你付出了感情，在你给她快乐的时候，她也给了你快乐。

失：可是，她现在不爱我了，我却还苦苦地爱着她，这多不公平啊！

苏：的确不公平，我是说你对所爱的那个人不公平。本来，爱她是你的权利，但爱不爱你是她的权利，而你却想在自己行使权利的时候剥夺别人行使权利的自由，这是何等的不公平！

失：可是，现在痛苦的是我而不是她，是我在为她痛苦。

苏：为她而痛苦？她的日子可能过得很好，不如说你是为自己而痛苦吧。明明是为自己，却还打着为别人的旗号。年轻人，爱情丢了，德行可不能丢。

失：这么说，这一切倒成了我的错？

苏：是的，从一开始你就错了。如果你能给她带来幸福，她是不会从你生活中离开的。要知道，没有人会逃避幸福。

失：可她连机会都不给我，你说可恶不可恶？

苏：当然可恶，好在你现在已经摆脱了这个可恶的人，你应该感到高兴，孩子。

失：高兴？怎么可能呢？不管怎么说，我是被人给抛弃了。

苏：被抛弃的不一定就是不好的。

失：此话怎讲？

苏：有一次，我在商店看中一套高贵的衣服，爱不释手，店主问我要不要。你猜我怎么说？我说质地太差，不要！其实，我口袋里没有钱。年轻人，也许你就是这件被遗弃的衣服。

失：你真会安慰人，可惜你还是不能把我从失恋的痛苦中引出。

苏：时间会抚平你心灵的创伤。

失：但愿我也有这一天，可我的第一步该从哪里做起呢？

苏：去感谢那个抛弃你的人，为她祝福。

失：为什么？

苏：因为她给了你忠诚，给了你重新寻找幸福的机会。

思想上的助产婆

在德尔菲神庙的门口刻着一句箴言，即"认识你自己"。苏格拉底的一生正是对这句箴言的实践，他有一句名言："未经审视的生活是不值得过的。"不仅对于自己他不断反思，他还不断地刺激别人去反思生活、追求智慧。苏格拉底每天在广场上和不同的人讨论各种问题，对大家无不熟视无睹的事物发问，譬如"什么是正义""什么是勇敢"。当时的智者学派也每天在广场用诡辩诘难大家，但苏格拉底与他们不同的是，他从来不收一分钱的学费。他把自己看作一只牛虻，而雅典城是一只由于闲适而养得过于肥胖的骏马，需要他的叮咬，这只骏马才能重新精神起来。

为了帮助别人反思生活，他采用了特殊的提问方法，使得人们最后不得不承认自己对某一问题的无知，从而重新去审视自己的生活。他的谈话一般都从一个具体的问题开始，比如"什么是爱""什么是美"。当某人对这一问题做出自己的解答后，苏格拉底再从中找出错误的地方，通过进一步的发问使得对方承认自己对于这个问题的无知。为了认真地寻找真理，最终苏格拉底和他的讨论对象达成共识，他们对于这个问题均是无知的，苏格拉底也无法给他们以最终的答案。

有一次，苏格拉底看到一个青年在街上演说道德的问题，他就去问这位青年："人人都说要做有道德的人，你能不能告诉我什么是道德呢？"

那位青年回答说："做人要忠诚老实，不能欺骗人，这是大家都公认的道德行为。"

苏格拉底接着问道："你说道德就是不能欺骗人，那么在和敌人交战的时候，我方将领为了战胜敌人，取得胜利，总是想尽一切办法欺骗和迷惑敌人，这种欺骗是不是道德的呢？"

那位青年回答道："对敌人进行欺骗当然是符合道德的，但欺骗自己人就是不道德的了。"

苏格拉底接着问道："在我军和敌人作战时，我军被包围了，处境困难，士气低落。我军将领为了鼓舞士气，组织突围，就欺骗士兵说，我们的援军马上就到，大家努力突围出去。结果士气大振，突围成功。你能说将军欺骗自己的士兵是不道德的吗？"

那位青年回答说："那是在战争的情况下，战争情况是一种特殊的情况。我们在日常生活中不能欺骗。"

苏格拉底接着问道："在日常生活中，我们常常会遇到这种情况：儿子生病了，父亲拿来药儿子又不愿意吃。于是，父亲就欺骗儿子说，这不是药，是一种好吃的东西，儿子吃了药病就好了。你说这种欺骗是不道德的吗？"

那位青年只好说："这种欺骗是符合道德的。"

苏格拉底又问道："不骗人是道德的，骗人也是道德的，那么什么才是道德呢？"

最终青年只得告诉苏格拉底他也不明白道德是什么。

苏格拉底的提问就是这样，常常给人以诘难，以至于会有人忍无可忍，把他揍一顿，甚至扯掉他的头发，而他从不还手，耐心承受。苏格拉底的母亲是个助产婆，在他看来自己也是如此，他说："神迫使我做接生婆，但又禁止我生育。"他帮助每个人去认识生活，思考问题，最终找到真理。这样的一种谈话方式有着很强的启发性，被后人称为苏格拉底式的提问。

哲人之死

由于苏格拉底不断地向人们发问，迫使一个个自以为是的人承认自己无知，最终给自己带来了厄运。他的敌人们共同密谋反对他，控告他传播错误的学说、不敬神和腐化青年。他们把他送上法庭，希望迫使他卑躬屈膝承认自己犯了错。

但苏格拉底却并没有屈服，在法庭上，他为自己做了辩护。在他看来，他的错误不是传播了错误的学说，而是不够厚颜去迎合他人，因此得罪了许多人。他坚持自己的立场，不肯承认自己有德行上的错误，相反，他认为雅典应当给予他各种便利帮助他研究哲学。这些言论激怒了陪审团，他被以 280 票对 200 票判处死刑。

苏格拉底的朋友们试图救走他。他们买通了狱卒，为他制定了周密的逃走计划，只要他愿意，他就可以带着家眷远走他乡。但是令所有人吃惊的是，苏格拉底选择了拒绝。他说："我一生都致力于城邦的法律维护，如果我现在选择以违背法律的方式逃亡，岂不是对自己一生的嘲弄吗？"

苏格拉底之死

死前，他还在与朋友进行哲学讨论。他是饮毒酒而逝的，当他端起酒杯一饮而尽之前，对他的朋友说："分手的时候到了，我将死，你们活下来，哪一条路更好，唯有神知道。"说完，一饮而尽。渐渐毒酒发作，他躺了下来，神志开始混乱，对身边的朋友留下的最后一句话是："克力同，我欠了阿斯克勒庇俄斯一只鸡，记得替我还上这笔债。"

苏格拉底的死被人们看作为了真理而进行的殉难，而对他的判决也被视为民主制的悲哀。

philosopher

柏拉图：哲学为王

　　柏拉图（前427—前347），古希腊哲学家，苏格拉底的学生，亚里士多德的老师。他曾经三次到意大利南部的西西里岛进行政治活动，企图影响叙拉古城邦的君主狄奥尼修父子，实现其理想中的政治制度。政治失败后回到雅典，开办"柏拉图学园"，收徒讲学。其主要著作有《理想国》《法律篇》《斐多篇》《泰阿泰德篇》《智者篇》等。

　　柏拉图对整个西方哲学的影响是巨大而深远的，怀特海认为，全部的西方哲学不过是为柏拉图的思想做注脚。

理想国与叙拉古历险记

柏拉图 20 岁左右便师从苏格拉底学习哲学。开学第一天，苏格拉底对学生们说："今天我们只学习一件最简单，也是最容易做的事。每个人把胳膊尽量往前甩，然后再尽量往后甩。"苏格拉底示范了一遍："每天做 300 下，大家能做到吗？"一年后，只有一个人坚持下来了，那个人便是柏拉图。后来苏格拉底被雅典民主派处死，他受到了很大的打击，对雅典失去了信心，于是他到埃及、意大利等地游学，一边考察，一边宣传自己真善相统一的理想国政治主张。

柏拉图第一次来到叙拉古时，狄奥尼修还是个小孩子，他的近亲狄翁负责教育他，并且掌握了整个国家很大一部分权力。于是，柏拉图设法和狄翁认识，并向他讲述了自己所设想的理想国家的蓝图。狄翁被柏拉图的雄辩说服了，很愿意按照柏拉图的设想在此建立这样的国家。但是，这个计划必须等到小国王长大了才能实现。狄翁本想让柏拉图在叙拉古传授知识，但柏拉图得到消息，雅典的政局又发生了变化，原来主张处死苏格拉底的人失势了。于是，柏拉图就离开了叙拉古，返回了雅典。

10 多年后，狄奥尼修长大了，由于经常听狄翁说柏拉图是一个最有学问的哲学家，有一套完善的治国方略，于是就派人到雅典去请柏拉图。柏拉图见狄奥尼修派人来请他，满以为实现自己理想的时候到了，就跟着使者来到了叙拉古。

柏拉图按照其理想国的构架向狄奥尼修讲述治国方略，他认为一个理想的国家，必须建立严格的等级制度。最高一个等级是占人口少数的掌握统治权的贵族，第二个等级是为统治者服务和保卫城邦的军人、武士，第三个等级是从事农工商业的农民、手工业者和商人。至于奴隶，只能像牲畜一样劳动，养活统治者，不属于人的范畴，因此不能列入社会的等级范围。

　　狄奥尼修问柏拉图，为什么社会要划分为这几个等级？

　　柏拉图说，神在创造这个世界时，用了各种不同的材料，君主是神用金子制造出来的，国王的军队是神用银子制造出来的，农工商人则是神用铜和铁制造出来的。因为神用的材料不同，所以这三种人在社会上也就分成三个高低不同的等级。

　　狄奥尼修听柏拉图说自己是神用金子制造出来的，心里很高兴。他又问柏拉图，既然不同等级的人是神用不同的材料制造出来的，那他们的品质有什么不同呢？

　　柏拉图回答说，他们的品质当然是不同的。最高地位的君主，具有智慧的品质，即君主是最有智慧的。这里说的智慧，是指掌握各门学问，懂得世界的本原是什么，也就是精通哲学。所以，君主应当是出色的哲学家。第二个等级的军人和武士具有勇敢的品质，因此他们能承担保卫君主和城邦的重任。第三个等级的农工商人应当具有节制欲望的品质。

　　狄奥尼修本来是满心欢喜的，因为柏拉图把他越捧越高，但当他听到君主应当是哲学家时，却觉得味道不对了。他心想，自己虽然是君主，但还不是一个哲学家。按照柏拉图的理论，自己不就是没有当君主的资格了吗？而柏拉图是大家公认的出色的哲学家，岂不应该由他来当君主？想到这里，他心里十分不满，也就不愿意和柏拉图讨论下去了。

柏拉图本来很有信心能够说服这位年轻的君主的，让他按照自己的理论在这里建设一个"理想国"，但没想到狄奥尼修不但不理解自己，反而对自己表示冷淡。在叙拉古等了很久，仍不见狄奥尼修再召见自己后，柏拉图又回到了雅典，第二次叙拉古之行也以失败告终。

但是，柏拉图是那种不到黄河心不死的人，当狄奥尼修再一次派人去请他时，他还是满怀着希望来到了叙拉古。只是这次，狄奥尼修请柏拉图并不是想学习治国之术，而是想用他来封住老狄翁喋喋不休的嘴。因为柏拉图走后，狄翁感到很惋惜，天天在狄奥尼修面前唠唠叨叨地谈柏拉图，弄得狄奥尼修对狄翁很不满，却又不便在自己长辈面前发火。后来他想，不如再把柏拉图请来，想办法让柏拉图听自己的，就不用再听老头子啰嗦了。可是，柏拉图来了后，不仅没有听从狄奥尼修和狄翁疏远关系，反而和狄翁越来越密切。这样一来，狄奥尼修和狄翁的矛盾，反而因柏拉图越来越尖锐，狄奥尼修甚至怀疑狄翁纠集柏拉图来操纵自己。他越来越觉得柏拉图是个危险人物，害怕柏拉图和狄翁串通起来推翻自己，于是，他先下手为强，派人把柏拉图监视起来，不让他自由活动。

柏拉图看到自己的如意算盘又一次破产了，便不愿留在叙拉古，向狄奥尼修请求让他回雅典。但是，狄奥尼修怀疑柏拉图会带着狄翁的使命去勾结其他国家来反对自己，就不准柏拉图走，强迫他留在叙拉古。柏拉图终于意识到自己不知不觉地卷入叙拉古的政治斗争中了，弄不好很可能落得和自己老师苏格拉底一样的结果。于是，他想尽办法托人在狄奥尼修面前求情。最后，狄奥尼修同意了让柏拉图离开，但既不派人送他走，也不让他自由回去。刚好有一条斯巴达人的船要离开叙拉古，狄奥尼修就不管柏拉图愿不愿意，强令柏拉图上了斯巴达人的船。

不幸的是，斯巴达和雅典长期是敌对关系，所以当船上的人听说上船的是一个雅典人的时候，就不管他是谁，直接把他当作敌人看待。当船开到非洲的居勒尼靠岸后，船上的斯巴达人把柏拉图捆了起来，强拉到奴隶市场上去出卖了，从中获利。这位把奴隶说成不是人的柏拉图，没想到自己今朝竟落到奴隶的下场。幸亏奴隶市场上，一个过去认识的人认出了他，出了一笔钱才把他救出来，并让他乘别的船回到了雅典。从此，柏拉图再也不敢冒险去实现自己的政治主张了。

走出洞穴的囚徒

在《理想国》中，柏拉图写下过一个意味深长的故事，来说明哲学与哲学家工作的意义。

一群人世代居住在洞穴之中，犹如囚徒一样被锁住，不能走动、回头和环顾左右，只能直视洞壁的情景。他们身后有一堆火在燃烧，火与人之间有一堵矮墙，墙后有人举着雕像走动，火光将雕像投影在他们面对的洞壁上，形成了变动的影像。由于他们长期看到这些影像，便以为是真实的事物。

但是有一个囚徒挣脱了铁链，回过头第一次看见了火光，就分清影像与雕像，并明白雕像比影像更真实。如果他被人拉出洞外，第一次看到太阳下的真实事物，也会再次眼花缭乱，先看到阴影，再看水中的影像，进而看事物，然后抬头望天，直到见到太阳，才知道太阳是万物的主宰。

柏拉图用洞穴中的囚徒来比喻世人把表象当作真实，把谬误当作真理。哲学家就是那些挣脱束缚走到洞外的囚徒，虽然解放的历程要付出极大的代价和痛苦，但毕竟看到了真实的世界，而不是一辈子活在黑暗之中。

然而，解放的囚徒并没有得到一个好的归宿。当他回忆起往事，在庆幸自己的同时，开始怜悯他的同伴。这些囚徒中最有智慧的，也不过是善于捕捉倏忽即逝的影子，善于记住影子的形状，善于推测将出现的影子而已，所以仍然是可怜虫。知道事物真相的人不会再留恋洞穴中的荣誉和奖赏，再也不愿意回到洞中做囚徒。但是为了解救自己还在洞穴之中的同伴，他义无反顾地回到了洞穴。可是，从光明的地方回到黑暗的地方，他已不能适应那里的生活。别人因为他看不清影子而嘲笑他，说他在外面弄坏了眼睛。没有人相信他在洞外看到的东西，他不得不到处和他们争论幻觉与真理、偶像和原型的区别，却因此激起了众怒，大家恨不得把他处死。

在柏拉图看来，知识并不是由他人从外面传授给我们的，不是后天获得的，也不是从灵魂中自发产生的，而是灵魂固有的，或者说是先于天地存在于我们灵魂之中的，但处于潜在状态，宛如梦境一般。我们不可能通过洞壁上的影像认识身后的事物，除非转过身来；我们不可能知道太阳是万物的主宰，除非被拉出洞外。这个比喻反映了柏拉图整个哲学的出发点和基本原则，即将世界二重化，划分为理念世界和事物世界，或可知世界和可感世界。黑格尔评价说，这是柏拉图哲学中最内在的实质和最伟大之所在。

女友和麦穗

有个希腊青年，为了找女朋友的事，内心十分苦恼。他想要找全希腊最漂亮的姑娘为妻，可是挑来挑去，总觉没有一个使他称心如意。于是他去请教柏拉图，如何才能使自己找到这样的妻子。

柏拉图听了青年的问题后，什么也没说，带他来到了一块麦地。柏拉图对那个青年说："你到麦地里去摘一枝最大的麦穗，但是有一个要求，就是只准向前走，不准往后退。"

那个青年觉得有点奇怪，心里想："摘麦穗和找女朋友有什么关系呢？既然柏拉图让我摘，那我就摘吧，说不定等我摘到最大的麦穗后，他真能给我找到全希腊最漂亮的姑娘当妻子呢！"青年走进麦地，才几步就发现一枝很大很大的麦穗，他本想把它摘下来回去交给柏拉图，可是转瞬一想，前面的麦穗还多着呢！说不定前面能够找到更大的麦穗呢！于是他丢开那枝本来已经抓在手中的麦穗，继续向前走。走啊走，每当他拿起一枝麦穗想要摘下时，他心里总是在想："说不定前面有更大的麦穗呢！"这样他错过了一个又一个机会。可是当他快要走到麦地的尽头时，却发现他看到的麦穗是一枝不如一枝。现在他心里非常懊悔："早知道后面的麦穗一枝不如一枝，还不如在前面就摘了呢！"走到麦地的尽头了，那个青年还是没有发现一枝他认为是全麦地里最大的麦穗。

走出麦地，那个青年非常失望地告诉柏拉图，他没有能够完成任务。

柏拉图笑着问："难道在你走过这块麦地的过程中，没有碰到一枝你合意的麦穗吗？"

"那倒不是，我曾经遇到过好几枝我认为比较大的麦穗，可我心里总是想，前面的麦穗还多着呢！说不定在前面还能找到更大的麦穗！于是我就错过了一个又一个机会。"青年的情绪显得很是低落。

"是啊，找女朋友和摘麦穗的道理是一样的。如果你发现了合你心意的姑娘，就应当当机立断地向她表白和追求她。否则你总是想自己还很年轻，可以选择的时间还很多，全希腊美丽的姑娘多的是，说不定我以后还能遇到比这个姑娘更漂亮的姑娘！这样你就会错过一个又一个的机会。"柏拉图语重心长地说。

那个青年低着头，认真想了一想说："你说得对！"然后高高兴兴地走了。

philo s o pher

亚里士多德：吾爱吾师，吾更爱真理

别人活着是为了吃饭，我吃饭是为了活着。

——亚里士多德

亚里士多德（前384—前322），柏拉图最优秀的学生，被西方人奉为古代最伟大的哲学家。他开创了逻辑学、物理学、美学等诸多学科的研究工作，他的著作是古代的百科全书。他对西方世界的影响难以估量。

吾爱吾师，吾更爱真理

亚里士多德是柏拉图的得意门生。从 17 岁开始，亚里士多德就进入柏拉图学园，追随老师达 20 年之久。由于他勤奋刻苦，涉猎广泛，很受老师的器重。柏拉图曾经幽默地说："这个学园由两部分组成，其余所有的学生仅仅构成了学园的身体，亚里士多德则是它的脑袋。"柏拉图还说："要给亚里士多德戴上缰绳。"意思是，亚里士多德十分聪明，必须加以严格的管教。

亚里士多德也十分爱戴他的老师，他曾写过一首诗，来表达对于柏拉图的敬意——

在众人中，他是唯一的，也是最纯洁的。

但在哲学上，他并不唯老师马首是瞻，而是勇敢地表达了与老师的不同意见，常常批评柏拉图的错误和缺点，最后甚至和他发生了严重的分歧。柏拉图相信理念世界的存在，认为在我们现实的世界之外还有一个永恒的理念世界，现实的世界是理念世界的影子，要认识世界就要认识理念。但亚里士多德认为这样一种观念只能把问题变得更加复杂，现实的世界在他看来就是最真实的。为此有人指责他背叛了自己的老师，但亚里士多德说："吾爱吾师，吾更爱真理。"这句话至今仍被许多人引用，是哲学家探求真理最著名的誓言。

逍遥的老师

柏拉图死后，亚里士多德应马其顿国王腓力二世之邀，前往担任他 13 岁王子的老师。而这位王子就是日后建立了庞大帝国的亚历山大大帝。亚里士多德对亚历山大进行了认真而广博的教育，对他影响很大。亚历山大大帝曾说过："生我的是父母，而使我明了如何生活才有价值的，则是我的老师亚里士多德。"

由于有了这样一位伟大的学生，亚里士多德的研究获得了很多便利。在亚历山大大帝的支持下，他创办了他自己的学校——吕克昂学园。这几乎花去了 800 金塔兰（每塔兰约合黄金 60 磅）。在学园里，亚里士多德建起了欧洲历史上第一个图书馆。亚历山大大帝还通令全国，凡是猎手或渔夫抓到稀奇古怪的动物，都要送到亚里士多德那里去研究。这使得他的学园在生物学的研究上也有着相当的成就。

亚里士多德的教学方式是独特的，他总是一边散步一边进行哲学探讨，后面跟着求知若渴的学生们，为此他和学生得名"逍遥派"，即漫步哲学家的意思。

在那时的雅典城郊，经常可以看到满头白发的亚里士多德，身边跟着 10 多位青年，他们或是在树林中逍遥自在地漫步，或是坐在山谷溪旁的大石块上热烈地讨论。"老师，您再讲讲三段论的大前提、小前提和结论……"

亚里士多德缓缓地说："我们希腊人有个很有趣的谚语：如果

你的钱包在你的口袋里，而你的钱又在你的钱包里，那么，你的钱肯定在你的口袋里。这不正是一个非常完整的三段论么？"

什么是领悟

由于亚里士多德的许多观点过于深奥，不少学生对之不能理解。据说有一天发生了这样一段对话：

一个学生鼓足了勇气向亚里士多德提出了自己的看法："老师，为什么你的许多论点我们都不能领悟呢？"

"我想这是由于你们对我过于崇拜的缘故吧。"亚里士多德笑着说。

"怎么会呢？"学生显得更加疑惑了。

"这样吧，我来给你讲个故事你就明白了。"亚里士多德说。

"从前，有一名樵夫，他对许多事都不能理解。一天，他像往常一样上山砍柴。突然，他看到了一只从未见过的动物从身边经过。于是他就伸手想抓住它。而这只动物名叫领悟，它的本领就是总能率先领悟出别人在想什么。樵夫刚一想抓住它，领悟就开口道破了他的心思。樵夫又想装作若无其事的样子，等到有机会时就下手抓住它。但领悟依旧道破了樵夫的心思。樵夫无可奈何，只得放弃了抓它的想法，一门心思地接着砍柴。过了一会儿，樵夫手中的斧子一不小心脱手掉到了地上。当他俯身去拾斧子时，却意外地发现斧子刚好压在了领悟的身上。于是樵夫毫不费劲地就抓住了领悟。"

故事讲到这里，亚里士多德问他的学生们："你们说，为什么樵夫想要抓住领悟的时候，却总是不能如愿，而当他不经意时，却能够轻易地抓住领悟呢？"

大家并没有回答，亚里士多德又接着说："这就是说，我们常常为了悟出真理而过于执着，由于这种执着而产生了迷茫和困惑。因此，我们只要恢复我们的平常之心，顺应自然地发展，真理反而是唾手可得的。"

不给雅典第二次机会

亚历山大大帝去世之后，亚里士多德失去了他最大的庇护者。一些反对他的人就乘机诬陷他，指责他犯有"渎神罪"。而这也是当年雅典人给苏格拉底冠上的罪名。

亚里士多德得知后，立刻决定逃走。他的学生问他："老师，你为什么不向我们的祖师爷苏格拉底学习，到法庭上为自己辩护？"

亚里士多德回答说："是的，我对76年前苏格拉底的受审记忆犹新。但我不愿意重蹈他的覆辙，我不愿意像他那样死去。我不会给雅典第二次机会，让它犯下对于哲学的新罪行。"

亚里士多德的错误

亚里士多德有这么一句断言："两个铁球，一个10磅重，一个1磅重，同时从高处落下来，10磅重的一定先着地，速度是1

磅重的 10 倍。"这是他基于自己物理学研究所做的推理。

由于亚里士多德在欧洲的崇高地位，人们一直将这句话奉为真理，想当然地认为不同重量的物体下落速度不同。直到后来，另一位伟大的思想家、科学家伽利略对此表示了怀疑。他在著名的比萨斜塔上进行了实验，拿出两个不同重量的铁球向下落。最终同时落地的两个铁球证实了亚里士多德的错误。

亚里士多德虽然是个伟大的哲学家、科学家，但他也犯了不少错误。而这个错误则是他最有名的一个。

philosopher

第欧根尼：犬儒主义者

　　第欧根尼（约前404—约前323），生于锡诺帕，卒于科林斯。古希腊犬儒学派代表人物，崇尚禁欲主义，认为世界上除了自然的需要必须满足外，其他的任何东西，包括社会生活和文化生活，都是不自然的、无足轻重的。

请不要挡住我的阳光

　　这天，第欧根尼和以往一样，早上醒来后还是不肯起来，他一直躺在他的那个大桶里——哦，错了，因为那是个土做的瓮，希腊人通常拿来埋死人用的。他眯着眼睛，在科林斯温暖的阳光下尽情偷懒。但是由于他平时的怪模怪样和千奇百怪的言谈举止，因此路过的科林斯人都用怀疑的目光看着他，小心地讨论着这位以作弄人出名的人不会又在想着怎么去戏耍别人吧。

犬儒主义代表人物第欧根尼

　　"唉，希望他能好运。"科林斯人为那个即将遇上第欧根尼的倒霉蛋默默祝福。这也是没办法的事，第欧根尼作弄人的本事整个希腊人尽皆知，任何人在第欧根尼找上他的时候都会提高一万倍的警惕，可惜却从来没有一个人可以逃脱。不过他们似乎没发现的是，第欧根尼很少去找别人，通常都是那些无所事事的人惹上第欧根尼的。奴隶制下的科林斯城邦整天游手好闲的人还是很多的。

这时，第欧根尼大约是觉得自己躺够了，他伸伸懒腰，从自己的家，就是那只大瓮中爬出，在科林斯的阳光下舒展了一下筋骨之后，决定先去找点吃的。这时突然冲出来了一个人，一顿老拳揍上了第欧根尼，一直到把第欧根尼掀翻在地一顿暴打之后，那人才停手说："我是美狄亚，我欠你3000德拉克马。"第欧根尼默不作声，只是爬起来拍拍身上的灰尘，头也不回地离开了。

他来到了郊外，因为那里有干无花果。他正在采集无花果的时候，守卫过来说："嗨，第欧根尼，这些无花果是有主的。"

第欧根尼回答说："你认为万物属于诸神吗？"

"是的。"守卫回答说。

"那么智慧之人和诸神是朋友吗？"

"当然。"守卫点头。

"你认为朋友可以共享财产吗？"

"那是必须的。"守卫义气冲天地回答。

"好吧，既然你说这世间万物属于诸神，而智慧之人是诸神的朋友，按照朋友共享财产的原则，那么万物也就是智慧之人的财产，不是吗？所以这些无花果我理所当然是可以吃的。"第欧根尼将采摘的无花果扔进了自己背上的背袋，那是他装食物的地方，然后离开了无花果园。

他来到惯常喝水的那条小溪边，蹲下用手捧起了一捧水来喝。其实他本来是有一个专门喝水的水杯的，不过在他看到一个小孩用手捧着水喝时，他当即就把那个水杯砸了。他说："一个小孩在生活俭朴方面打败了我。"他的饭碗也是这么失去的，因为他看见一个小孩用一个空心的面包来盛扁豆，于是他将他的饭碗也砸了。所以他现在就只能用手捧水喝，将所有的食物都卷在一起然后塞进口中。

吃完了早饭，第欧根尼开始了他每天必须在科林斯城内的散步。他看到阿那克西美尼在做演讲，于是他从鱼摊上拿过一条鱼开始演示如何做一条咸鱼，所有的人都被第欧根尼的行为吸引。阿那克西美尼恼羞成怒，愤愤地下台了，第欧根尼哈哈大笑说："阿那克西美尼啊，仅值一个奥卜尔的咸鱼就结束了你的演讲了。"然后他将那条咸鱼甩开，继续他在科林斯城里的旅行。

第欧根尼路过德尔菲神庙，他看到弗里涅建的一座阿芙洛狄忒的雕像，这时旁边有人大喊："第欧根尼，给这个雕像取个名字吧。"

"来自希腊的淫荡。"第欧根尼高喊，一点也不看弗里涅气发黑的脸。这时有人拦住了他，问道："听说您自比为犬？""是的。"第欧根尼高兴地点点头，终于有人愿意和他谈论真正值得谈论的话题了。

"您是哪种犬呢？"陌生人问道。

"饥肠辘辘时，我是马耳他犬；酒足饭饱时，是摩洛希亚犬——两个都是为人称道的品种，不过人们因为害怕疲劳，从不敢带它们外出打猎，所以你们也不能和我一起生活，因为你们害怕不适。"

"您为什么要称自己是犬呢?"陌生人问。

"因为犬才是最自然的。"第欧根尼指着墙角的一条狗说,"你看那条狗,想睡就睡,想吃就吃,不需要用上锅碗瓢盆,也不需要按时按量。它们的生活自由自在,接近最真实的自然世界,因此也接近最真实的善。人也一样,当一个人困于世俗的种种道德准则和规章制度的时候,制度越多,他离自然就越远,他离善也就越远。在那世俗的种种繁华绮丽当中,所有的人都汲汲于各种物质。富翁永远担心他的财产缩水或者被盗窃,官员永远担心他有朝一日会丧失权力。那些好的出身和显赫声誉以及所有这些优越之处,它们都是邪恶的炫耀装饰。每种通行的印戳都是假的。人被打上了将帅与帝王的印戳,事物被打上了荣誉、智慧、幸福与财富的印戳;一切全都是破铜烂铁打上了假印戳罢了。富有的人认为他占有宽敞的房子、华贵的衣服,还有马匹、仆人和银行存款。其实并非如此,他依赖它们,他得为这些东西操心,把一生的大部分精力都耗费在这上面。它们支配着他。他是它们的奴隶。为了攫取这些虚假浮华的东西,他出卖了自己的独立性,这唯一真实长久的东西。而你看那条狗,再看看我。我一无所有。我没钱,因此我不担心有人会来偷窃我的财产;我没权,因此我不担心有一天我会被赶下台来。我所有的一切都在这里,一个瓮,一个背袋,和一件披风。"

陌生人大叫道:"你还是有东西的,你的瓮就是你的东西。既然你说你一无所有,那我就把瓮砸烂。"那位陌生人挥起木棍,将那个瓮砸了个粉碎，于是第欧根尼目瞪口呆。不过他一点也不在意。倒是旁边的科林斯人看不下去了，他们要将那个陌生人扭送去法庭，要审判他。

第欧根尼连忙对科林斯人说："你们不要审判他，他说的话不无道理。虽然我已经将一切的物质都抛弃了，但最终我还是保留了最基本的水准。我虽然将自己的生活与狗相提并论，但最终我还是不能赤身裸体；虽然我也曾在公众场合猥亵，但我还是遵守着这个城邦最基本的法律。因为我一向认为，如果没有法律，社会将不可能存在；因为如果没有城邦，开化的东西将无益可言。但城邦是开化的，而没有城邦的法律也毫无益处，因此法律是某种开化的东西。"

"所以，"第欧根尼稍停了停，接着说，"所以他说的并没有错，请你们放过他吧。"

科林斯的民众都不忿陌生人对第欧根尼的所作所为，第欧根尼虽然很令人讨厌，经常捉弄别人，而且经常让人下不来台，但第欧根尼可是个值得人尊敬的哲学家，希腊社会最尊敬哲学家了。所以他们最后还是听从了第欧根尼的话，放掉了那个陌生人，但在放掉之前，他们狠狠地揍了那个陌生人一顿，并且他们还让人重新打好了一只瓮送给了第欧根尼，以代替他那个被打烂的瓮。

当亚历山大大帝走到第欧根尼面前时，他看到第欧根尼缩在一个全新的瓮中，正眯缝着眼晒太阳。亚历山大站在第欧根尼面前说："我是伟大的国王亚历山大大帝，已知世界的王。"

第欧根尼很干脆地翻翻白眼说:"我是犬儒第欧根尼,哲学家,未知世界的主宰。"

亚历山大大帝好奇地问道:"你做了什么事而让人称你是狗呢?"

第欧根尼没好气地说:"因为我对给我施舍的人献媚,对拒绝者狂吠,对流氓则大加撕咬。"

亚历山大大帝低声下气地说:"您可否去担任我的老师?"

第欧根尼很干脆地拒绝:"免谈,我没兴趣。"

亚历山大惊奇地问道:"为什么,你可知有多少人愿意做我的老师而不得?"

"我不知道,也不想知道。"第欧根尼掏掏耳朵说,"至于我为什么不想做你的老师,你看看那条狗。"

亚历山大顺着第欧根尼手指的方向看去,看到了一条癞皮狗正呼呼大睡。

"我称自己为狗,就是想让自己扔掉那一切的浮华,像条狗一般可以自由自在地遨游于自然。当你的老师我就要遵守宫廷规矩,每天按部就班上下课,那将使我远离自然,远离善。"

亚历山大大帝只好作罢:"那么,老师,我能为您做些什么呢?"

第欧根尼像赶苍蝇般挥挥手说:"麻烦你让一让,不要挡住我的阳光。"

这时,第欧根尼突然从瓮里取出了一副拳击手套,嘴里骂骂咧咧地冲了出去。原来他看到了美狄亚。第欧根尼一把揪住美狄亚，一顿乱拳过去，将美狄亚揍倒在地，然后再将美狄亚按在地上狠狠地揍了一顿，一边打一边大声叫着："我欠你 3000 拳，我欠你 3000 拳。"旁边的科林斯人都哈哈大笑。

亚历山大大帝打听到了经过，只好无奈地走了，一边走一边感慨："如果我不是亚历山大，我多希望我是第欧根尼啊。"

philosopher

毕洛：怀疑论的创始人

毕洛（约前365—约前275），古希腊哲学家，怀疑主义的创始人。他认为以感觉或理性得来的知识都不可靠，因此，要认识客观世界是完全不可能的，甚至连客观世界是否存在也是可以怀疑的。他主张对任何事物都不下判断，"最高的善就是不做任何的判断"，认为这可以避免许多纠纷，保持宁静的生活。当有人指责他的怀疑论哲学什么也告诉不了人们时，他回答说："我不能告诉别人我并不知道的东西。"

像猪一样不动心

毕洛对一切事物都漠不关心，他既不主动避免某些事情的发生，也不注意任何事情的发生。

在一个风和日丽的好天气里，毕洛和他的朋友们一起出海游玩。帆船出海时，船上所有人的心情都好极了，大家在一起有说有笑的。可是，天有不测风云。过了不久，天上就翻滚着大片大片的乌云，海上的风浪也猛了起来，帆船在大海中起伏摇晃，如同一叶浮萍，任凭风浪摆布。随着帆船的每一次颠簸，船上的人都要发出一片惊叫声。

在这场大风暴面前，有的人吓得瘫软在船舱中，有的人不断对天祈祷，有的人不停咒骂这坏天气，还有的人始终在抱怨，抱怨自己命不好，抱怨天公不作美，抱怨帆船太轻，抱怨自己今天太倒霉……唯有毕洛一人，似乎觉得什么事都没有发生。他仍然像在风和日丽的时候那样，全神贯注地欣赏大海的景色。同伴的喧嚣，大海的怒吼，帆船的摇晃，对于他似乎都是不存在的。

他的一个朋友看他还在那里傻愣愣地看着大海，怕他被狂风巨浪卷到海里，赶紧上前想把他拖进船舱。可是毕洛却不愿意移步，他指着船尾正在安静吃食的一头猪说："聪明的人应该像猪那样不动心。"

毕洛的这句话让他的朋友哭笑不得。

philo s pher

伊壁鸠鲁：快乐哲学

快乐是最高的善。

——伊壁鸠鲁

伊壁鸠鲁（前341—前270），古希腊哲学家，伊壁鸠鲁学派的创始人。伊壁鸠鲁成功地发展了阿瑞斯提普斯的享乐主义，并将之与德谟克利特的原子论结合起来。他的学说的主要宗旨就是要达到不受干扰的宁静状态。

神的悖论

伊壁鸠鲁接受并发展了德谟克利特的原子学说，他从感觉经验出发，肯定现实世界是存在的。他认为世界是由无数个原子组成的，原子有三种运动：因重量而垂直下落的运动、稍微偏离直线的偏斜运动以及由此而产生的碰撞运动。而这三种运动，经过复杂的组合，构成了整个世界的一切事物。

由此出发，伊壁鸠鲁对世界提出了他的唯物主义理解。在他看来，神是不存在的。即便是存在，那么神也只是由原子组成的另一种事物，并不能对我们的生活造成任何的干涉。

这种观点在当时无疑是惊世骇俗的，许多人于是表示不满，纷纷上门与之辩论，试图说服这位唯物主义的哲学家。有一天，就有极为信神的教徒上门质问。

伊壁鸠鲁问他们："听你们说，世界上有神的存在，是吗？"

那几个信神的就连连点头称是。

伊壁鸠鲁说："那么，神只能有这么三种可能性：神或是愿意但没有能力除掉世间的恶；神或是有能力但不愿意除掉世间的恶；神或是既有能力又愿意除掉世间的恶。"

那几个信神的人想了想，也只得承认确实是如此的。

伊壁鸠鲁又接着说："如果神愿意但没有能力除掉世间的恶，那么，他就不算万能的。而如果并非万能，那岂不是跟神的本性相违背？如果神有能力而不愿意除掉世间的丑恶，那么，这就证明了他的恶意，而这种恶意同样是和神的本性相矛盾的。如果神愿意而且有能力除掉世间的丑恶（这是唯一能够适合于神的本性的一种假定），那么，为什么在这种情况下世间还有丑恶呢？"

至此，伊壁鸠鲁得出了最后的结论："神，是不存在的。"而那几个信神的也只好承认伊壁鸠鲁说的确实有道理。

什么是快乐

伊壁鸠鲁学成之后，在雅典买了一所房子和一座花园，过着平静的生活。在这座花园里他收徒授学，这座花园成了伊壁鸠鲁学派的象征，人们将之称为伊壁鸠鲁花园。

伊壁鸠鲁花园建成之后，成员很快就多了起来。他的三个兄弟都来这里帮助他照管这座学校。除了来拜师学习的弟子，他的一些朋友也带了他们的妻儿老小来投奔他，甚至还有从萨摩斯岛逃难出来的奴隶和妓女也到伊壁鸠鲁花园来找他。

伊壁鸠鲁之所以来者不拒地收留这些人，是因为他认为友情比什么都可贵。可是由于伊壁鸠鲁花园里的人实在太多了，所以，他这个团体只能过着十分清贫的生活。伊壁鸠鲁花园所有成人的饮食，只有面包和清水，偶尔有点奶酪。有人劝他把那些不相干的人赶走，以免影响他自己的生活质量。

可伊壁鸠鲁说："当我靠面包和水过活的时候，我的全身就洋溢着快乐。我轻视奢侈的快乐，这倒不是因为讨厌奢侈本身，而是因为种种不幸会随之而来。"

有一天，他的一个学生问他："老师，我经常听你说起人生应该快乐。那么究竟什么是快乐呢？"

伊壁鸠鲁回答说："人生的最大目的就在于追求幸福，这就是快乐。快乐是指身体的无痛苦和灵魂的无纷扰。快乐可以分为肉体的快乐和心灵的快乐这两类。肉体的快乐是饮食男女所能给人带来的欢快，而心灵的快乐就是对肉体快乐的观赏。"

他的学生接着问："饮食男女的快乐，我们应该追求吗？"

伊壁鸠鲁回答说："饮食男女的快乐应该有节制。因为不节制这种快乐的后果，不是快乐而是痛苦。胃可能是一切快乐的根本，但是大吃大喝的后果是使身体得了胃病，而得了胃病以后的痛苦，完全压倒了吃喝的快乐。"

接着，伊壁鸠鲁又谈到了性爱的快乐。他说："性爱是最激烈的快乐之一，但是性交从来也没有对人产生过好处。如果它不伤害人，这就已经算是不错的了。"

他的学生又问他："那么难道就没有什么快乐了吗？"

伊壁鸠鲁说："我要求的是宁静的快乐，而不是激烈的快乐。在我们追求快乐时，应该审慎地选择和权衡利弊，否则快乐就是一句空话。明白了这一点，你就会懂得我们的花园为什么总是吃面包和水，只有在节日里才有一点奶酪的原因了。同样，渴望财富和荣誉也是徒劳无益的，因为这些东西使一个本来可以得到满足的人，内心感到有一种不安宁。真正的快乐当然有。最可靠的社会快乐就是友谊。友谊和快乐是分不开的，没有友谊，我们就不能安然无恙地生活，也不能快乐地生活。正因为这样，我们才要培植友谊。"

"老师，那么您认为心灵的快乐到底是什么呢？"

"前面我已经说过，心灵的快乐就是对肉体快乐的观赏。心灵的快乐唯一高出肉体快乐的地方，就是我们可以学会观赏快乐，而不是观赏痛苦。因此比起肉体的快乐来，我们更能控制心灵的快乐。"

"那么一个身体痛苦的人难道就永远感受不到快乐了吗？"这个学生接着问。

"身体的痛苦显然是件大事。可是快乐的量的极限，就是要使一切能够产生痛苦的事物都被排除出去。在快乐存在之处，只要快乐在持续着，那么身体的痛苦或是心灵的痛苦，或是这两者，就都是不存在的。久病本身，对于肉体有比痛苦还多的快乐。"伊壁鸠鲁的回答令人费解。

学生只好进一步地问："老师，您的意思是不是说，我们应该苦中取乐？"

"是的，我终身受到疾病的折磨，可是我学会了以最大的勇气去承担它。一个人甚至在受到鞭挞的时候，也是可以感受到快乐的。有时，我虽然经受了难以想象的痛苦，可是每当我回忆起我和我的朋友的那些谈话时，我的内心总是感到非常快乐。因此对于长时期的痛苦，我们完全可以靠着心灵的训练，不管身体的痛苦而只是想着我一生中那些幸福事物的快乐。最重要的是应该避免生活在恐惧之中。"

"如果每个人都追求自己的快乐，那么这个世界不是会变得混乱了吗？"学生想到了另一个跟快乐有关的问题。

"我承认，一切时代的人都只是追求自己的快乐。有时候他们追求得很明智，有时候又追求得很不明智。但是，每一个人在追求自己快乐的时候，都不应该去做那些破坏国家和社会利益的事情。这就是我的合理的快乐主义的思想。国家就应该保护公民都能生活得快乐。"

"老师，您认为快乐是可以学习的吗？"这个学生问了他最后一个问题。

"快乐是可以学习的。学习快乐最重要的就是要有自然科学的知识。一个人没有任何自然科学的知识，就不能享受无忧的快乐。如果一个人不知道什么是宇宙的性质，而是生活在那些关于宇宙之事的恐惧当中，对于这个人来说，排除对所谓最主要事物的畏惧，就是不可能的，他当然也就不能感受到快乐了。你学习我的哲学的最大好处，就是可以使你免受那些可能激起你种种恐惧的各种各样信仰的影响。"

奥古斯丁：真理就居住在人的内心

　　奥古斯丁（354—430），出生于北非的塔加斯特城，著名的神学家、哲学家。在罗马天主教系统，他被封为圣人和圣师，并且是奥斯定会的发起人。在罗马受教育，在米兰接受洗礼。

　　他的著作《忏悔录》被称为西方历史上第一部自传，至今仍被传诵。

从反叛者到皈依

当奥古斯丁还小的时候，他和其他小孩子一样喜欢恶作剧。某一年的秋天，当梨子成熟的时候，奥古斯丁听说隔壁的邻居不在家，而那邻居家中有一棵很大的梨树，尽管上面结的梨子并不像奥古斯丁家的梨子那样又大又甜，但奥古斯丁还是召集了一帮死党，翻墙进入邻居家。他们的目的很简单，就是将邻居家树上的梨子摘完。他们将所有的梨子，不管熟的还是不熟的，都摘下来扔在了地上。

事后，当奥古斯丁回忆起这件事的时候，他深深地自责："当时我并不感到饥饿，而且自己家的梨子更好。这是一种令人难以置信的邪恶。如果是因为自己的肚子饥饿，或是没有其他的办法可以吃到梨，那么这种行为还不至于显得如此邪恶。可是实际上，这件事是出于一种恶作剧，出于一种对邪恶的偏好，正是这一点，才使得这种邪恶显得不可名状。"因此，他向上帝忏悔。

"噢，上帝，请你鉴查我的心，请你鉴查我这颗落到地狱底层的心吧！现在请你鉴查并让我的心向你诉说：它在追求什么？它希望我做个无端的恶者，在没有邪恶引诱的时候，去追求邪恶本身。它污秽肮脏，但我却爱它；我热爱灭亡，我热爱自己的过错，我并不爱导致过错的原因，而是爱我这过错本身。从天界堕落，从你面前被逐的污秽的灵魂啊，竟不是通过这耻辱来追求什么，而是在追求着耻辱本身。"

这对于年少时的忏悔直接导致奥古斯丁对原罪说的高度提倡。西塞罗的作品很大程度上激发了年轻的奥古斯丁对哲学的热爱，虽然他的母亲——一个虔诚的基督徒——曾经要求他读《圣经》，并且他也试着去做了，可是他认为《圣经》缺少西塞罗作品的那种威严，再加上父亲是摩尼教徒，奥古斯丁成了摩尼教徒。但当他获得了足够的知识之后，关于科学方面的疑问使他对摩尼教的教义产生了疑问。在阅读了一些卓越的天文学家的作品并进行对比之后，他说："我把那些作品和摩尼基乌斯所说的对比了一下，我认为他以狂人式的愚蠢大量写下了内容丰富的关于冬至、夏至、春分、秋分、日月食以及其他我从世俗哲学书籍中学到的有关问题的论证，但没有一样能够使我满意，而我却被明令着相信这些。它们不但不符合我自己推算与观察的结果，而且互相悖谬。"

他甚至特别指出："科学上的错误不能成为信仰方面错误的标志；只有以权威自居，称自己得自神的灵感时，那才成为信仰方面错误的标志。"

为了解开对摩尼教教义的疑问，奥古斯丁去找了摩尼教中一位以学问最为渊博著称的浮士德主教请教，希望能得到帮助。但是结果让他大失所望。他说："我首先感到他除了语法之外，对其他各门学科是极端无知的；而且即便是关于语法的知识，也只是一般而已。但是他曾经读过塔利的《讲演集》、塞涅卡的一小部分著作、某些诗集以及几本带有逻辑性的拉丁文摩尼教经卷。由于他素常习惯于讲话，掌握了一定程度的雄辩术，而且受到良知的统辖，显得如此温文尔雅，因而使人感到他的雄辩十分愉快而动听。"奥古斯丁觉得浮士德主教完全不能解决自己的问题，因为当他向浮士德主教问起这些问题时，主教也坦率地承认自己对天文学一窍不通。因此奥古斯丁离开了迦太基，来到了罗马，希望能找到可以解决他问题的高人。但是在罗马，他并没有找到这样的人，直到他来到米兰做修辞学教师，遇到了当时号称"全世界知名人士中最杰出的人物之一"的安布罗斯。他被安布罗斯吸引，并进而受到他宗教感情的影响，对基督教产生了兴趣。由于摩尼教中没有关于心灵救赎的部分，因此最后，奥古斯丁将自己脆弱的心灵寄托在了基督教的心灵理论上，从此皈依了基督教。他开始相信：罪恶并不起源于某种实体，而是起源于意志中的邪恶。

上帝存在于时间之外

奥古斯丁最重要的著作《忏悔录》第11卷提出：假如创世有如《创世纪》第一章，那么创世应当是更早发生的。但是为什么世界没有被更早地创造呢？因为不存在所谓"更早"的问题。

在《旧约》全书中，创世是无中生有的创造。但是这对于古希腊哲学家来说是陌生的概念。当柏拉图和亚里士多德谈及创世的时候，他们想到的是一种由上帝赋予形象的原始物质的方式。

他们所说的上帝更接近于一个设计师或建筑师，因为在他们看来，物质实体是永远的，不是被造的，只有形象才是上帝所赋予的。而在奥古斯丁和基督徒看来，世界不是从任何物质中创造的，而是从无中创造出来的。上帝创造了物质实体，而不仅仅是进行了整顿和安排。

这样，时间是与世界同时被创造出来的。上帝，在超时间的意义上来说是永恒的；在上帝那里，没有所谓的以前和以后，只有永远的现在。上帝的永恒性是脱离时间关系的；对上帝来说一切时间都是现在。他并不先于他所创造的时间，因为这意味着他就存在于时间之中了。而实际上，上帝是永远站在时间的洪流之外的。这致使奥古斯丁写出了令人十分钦佩的时间相对性理论。

"那么什么是时间呢？"他问道，"如果没有人问我，我是明白的；如果我想给问我的人解释，那么我就不明白了。"种种困难使他感到迷惑不解。他说："实际存在的，既非过去，又非未来，而是现在。现在只是一瞬间，而时间只有当它正在经过时才能被加以衡量。虽然如此，也确乎存在过去和未来的时间。"于是我们似被带入了矛盾当中。为了避免这些矛盾，奥古斯丁找到的唯一方法就是说，过去和未来只能被想象为现在，过去必须与回忆相同，而未来则与期望相同。回忆和期望两者都是现存的事实。他说有三种时间："过去事物的现在，现在事物的现在以及未来事物的现在。""过去事物的现在是回忆，现在事物的现在是视觉，未来事物的现在是期望。"但是他又说："有过去、现在和未来的三种时间，只是一种粗率的说法。"显然，奥古斯丁并不能解决所有关于时间的问题。

"主啊，我向你坦白，我对于时间之为何物依然是茫无所知的。"

philosopher

布鲁诺：烈火不能征服的哲学家

布鲁诺（1548—1600），文艺复兴时期意大利天文学家、哲学家，捍卫和发展了哥白尼的日心说，认为宇宙是无限的，太阳系只是无限宇宙中的一个天体系统，太阳只是太阳系的中心。他创立了自然主义泛神论的哲学体系，认为自然界即神，构成自然界中一切事物的最小单位是"单子"。因坚持人们有怀疑宗教教义的自由，坚持反对经院哲学，于1600年2月17日被宗教裁判所烧死在罗马鲜花广场。

他临刑前的遗言是："火并不能把我征服，未来的世界会了解我、懂得我的价值。"

罗马鲜花广场的悲剧

罗马鲜花广场，这个充满诗意的名字，却曾经与令人发指的罪恶联系在一起。这里是中世纪和文艺复兴时期的罗马最有生气和最粗暴的地方。在这里，红衣主教和贵族夹杂在渔夫中间出现在广场的集市上；在这里，卡拉伏吉奥因为输了网球赛而杀死了他的对手。这个广场还是当年执行死刑的地方。今天，这里却成了罗马人长期举行活动的中心，色彩斑斓的市场、各色各样的饮食店、现代气息的酒吧，使得这里充满了生气。广场中心有一尊铜像，是 1889 年为了纪念一位为真理而殉难的英雄建立的。这位不朽的英雄就是布鲁诺。

当布鲁诺还在圣多米尼克修道院学习的时候，一次和同伴拿意大利诗人阿里奥斯托的一本诗集作耍，看看各自将来的命运如何。结果布鲁诺一下子就翻到了《疯狂的罗兰德》一诗的这么一行：

一切法律、一切信仰的仇敌……

这行诗弄得大家目瞪口呆，惶惶不安。想不到闹着玩的事竟预言了布鲁诺以后的生活历程，他的一生都是在与教会的斗争中度过的。1576 年，28 岁的布鲁诺走投无路，毅然决定扔下袈裟，离开罗马，开始其长年的漂泊生涯。他辗转在法国、瑞士、英国和德国流亡，每次都由于教会的迫害而不得不迁往其他地方。后来，布鲁诺回到威尼斯，却被朋友出卖而遭到逮捕，此后落入宗教裁判所，被囚禁了长达八年。在狱中，布鲁诺受尽折磨，但他英勇不屈，不畏迫害，明确宣布自己没有做任何可以后悔的事情。他说："在真理面前，我半步也不退让！"最后，教会以"异端分子和异端分子的老师"的罪名，于1600年2月17日在罗马的鲜花广场对布鲁诺处以火刑。

布鲁诺铜像

　　布鲁诺的主要著作有《论无限、宇宙和世界》《论原因、本原与太一》《诺亚方舟》《灰堆上的华宴》《论英雄热情》等。在这些著作中，布鲁诺集中阐明了自己对宇宙的理解，建立了一个泛神论的哲学体系。布鲁诺认为，自然界有两种实体，即形式和物质。但形式不能脱离物质而独立存在。物质世界是在"世界理智"的作用下运动和变化的，所谓"世界理智"是作为形式本原的世界灵魂的一种能力，而世界灵魂又是内在于作为物质本原的宇宙之中的。这样，包括一切的统一体宇宙就成为"太一"。这个宇宙，既是统一的，也是无限的。对于这个"太一"，布鲁诺称之为"神"，但这只是一种称呼，既没有人格，更不是万能的上帝或者宇宙的主宰。在这个意义上，布鲁诺被称为彻底的泛神论者。对于人的认识，布鲁诺把认识分为四个阶段：感性、知性、理性和心灵。他认为感性是认识的开端；知性的任务则是运用抽象概括和推论的能力，从特殊中抽象出一般；理性的任务是主动地、积极地整理知性活动的成果，把知性得出的一般论断提升成原则原理，从而认识到事物的实体同一性；心灵作为认识的最高能力，则是对普遍实体的直观。只有在心灵中，神或自然的本质才会生动地表现在认识的面前。人达到了对一切存在的本质，对对立统一的、无限的宇宙的最高认识。这种认识的过程不会完结，因为智慧的力量永远不会停留在已经被认识的真理层面，总是向着尚未被认识的真理前进。

布鲁诺的哲学思想和追求真理的精神对后世的影响都是巨大的。1889 年，罗马人为了纪念这位真理的殉难者，在罗马鲜花广场上为他塑立雕像，在台座上镂刻着这样的献词：

献给乔尔丹诺·布鲁诺。

——他所预见到的时代的人们

philo s o pher

弗朗西斯·培根：知识就是力量

弗朗西斯·培根（1561—1626），英国哲学家、自然科学家、逻辑学家、历史学家和国务活动家，近代归纳法的创始人。他也是对科学研究程序进行逻辑组织化的先驱，因此，他在哲学史上占有非常重要的地位。曾因受贿罪被起诉，关进伦敦塔监狱，晚年被迫离开政界专门从事著述，最终因做冷冻试验受风寒而死。

马克思评价他是"英国唯物主义和整个现代实验科学的真正始祖"。

简单归纳法的困境

在培根之前，归纳法只是简单的枚举法，这种方法经不起科学的推敲。有一次，培根给人们讲了一个故事，来说明简单枚举法的困境。

有一天，一位户籍官要登记威尔士某一个村庄全体户主的姓名。他从村子的东头开始逐户进行登记，在登记第一户时，户主告诉他自己名叫"威廉·威廉斯"。这位户籍官郑重其事地在他的登记表上写下了该户主的姓名。

到了第二家，他问户主的姓名，户主告诉他："我叫威廉·威廉斯。"那个户籍官看了他一眼说："你也叫威廉·威廉斯？""是，我叫威廉·威廉斯。"户主回答说。到了第三家，他问："姓名？"户主回答说："威廉·威廉斯。""什么？你也叫威廉·威廉斯？"户籍官有些疑惑。"是，我叫威廉·威廉斯。"户主十分肯定地说。户籍官依然非常认真地把户主的姓名登记到登记表上。到了第四家，户籍官心里想，大概这家的户主也叫"威廉·威廉斯"。他问户主姓名，户主大声说："威廉·威廉斯。""哈哈，果然不出我所料，这位户主也叫威廉·威廉斯。"户籍官心里暗暗高兴，"不用说，第五家户主肯定也叫威廉·威廉斯。"

"你叫威廉·威廉斯，对不对？"户籍官这次直接自己问了。

"是啊，我叫威廉·威廉斯。长官，你是怎么知道的？"户主有点奇怪。

"那还用问，我根据的是一种叫简单枚举法的科学方法。"

果然，第六家户主确实也叫威廉·威廉斯，再次证明了这种科学方法的有效性。于是，户籍官心想："由此看来，这个村庄所有户主都叫威廉·威廉斯。既然如此，我何苦费心费力一家一户地登记呢？干脆，我把表格上所有的户主姓名都写成威廉·威廉斯，不就完事了吗？"想到这里，户籍官不愿意再跑来跑去挨门逐户地登记了，他把所有户主的姓名都写成了威廉·威廉斯，写完后，就回去休息了。

可是过了不几天，上级长官把他叫到办公室问他："你到那个村庄挨门逐户地进行登记了吗？"

"报告长官，我没有完全挨门逐户地进行登记，但我使用了一种科学的方法，保证不会出错。"户籍官理直气壮地说。

"可是为什么有一个叫约翰的户主在登记表上没有他的名字呢？"长官问。

"什么？这个村庄所有的户主都叫威廉·威廉斯，没有叫约翰的。"户籍官回答说。

"哼！你自己看看吧！"长官把一份原始的纳税表扔给了他。这位户籍官一看，不禁目瞪口呆，因为在这张原始表格上，明明白白地写着约翰的名字。"这是怎么回事……"户籍官不明白，根据简单枚举法得到的结论，为什么还会发生问题。

培根讲完这个故事，就对大家说："从这位户籍官所犯的错误中，我们可以得出一些什么结论呢？那就是单纯地依靠简单枚举法是靠不住的。如果我们无条件地信赖这种方法，我们的认知就可能走上岔路，因此我们应该找到一种比简单枚举法更高明的归纳法。"后来，培根果然完成了比较完整的归纳逻辑的理论框架。

蚂蚁、蜘蛛和蜜蜂

有一天，培根做了一次名为《蚂蚁、蜘蛛和蜜蜂》的演讲。在演讲开始后，他风趣地问大家："你们都见过蚂蚁、蜘蛛和蜜蜂吗？"大厅里立刻发出了一阵阵哄笑。

"蚂蚁、蜘蛛和蜜蜂，这些大家都知道，可是你们谁能够说出它们在方法论上各有什么特点和意义呢？"培根说。

全场立刻安静了下来。

培根环顾了一下周围的人，慢条斯理地说："蚂蚁是非常勤劳的小东西，你们不是看到它们整天都是忙忙碌碌的吗？它们整天忙于把食物从外面搬回自己的窝里，贮存起来准备冬天用。而蜘蛛则整天忙于吐丝织网，从自己肚子里面往外面吐东西。蜜蜂则忙于采花粉，吃进肚子里以后又把它们吐出来，酿造成蜂蜜。

"从方法论的角度来说，蚂蚁的方法是知识搬家，蜘蛛的方法是搜肠刮肚，而蜜蜂的方法则是消化、吸收和创造。"培根用这样概括的语言，就把深奥的方法论问题说得很清楚。

"我们有一些人做学问，实际上就像蚂蚁一样，自己没有什么新见解，只是把过去的人说的那一套东西，照样搬过来用。可见蚂蚁的这种做法，对于新知识的积累，一点好处也没有。

"我们还有一些学者做学问，就像蜘蛛一样。蜘蛛的情况和蚂蚁很不相同，蜘蛛型学者只知道闭门造车，自己在书斋里面冥思苦想、搜肠刮肚地'创造知识'，可惜他们这种知识是非常肤浅的，因为他们没有充分利用前人的知识成果。

"而蜜蜂型的学者知道，知识的积累对于创造新的知识具有非常重要的作用，因此他们对前人的经验非常重视，但是他们又不是对前人的知识完全照抄照搬，而是经过自己的一番去粗取精、去伪存真的分析、鉴别、整理的过程，然后才形成自己的独特见解。

"因此，我提倡所有的学者都向小蜜蜂学习，不但要在前人积累起来的知识花园里辛勤劳动，最大限度地收集前人对某些问题的见解，而且要把花粉酿造成蜂蜜。"

培根这个关于"蚂蚁、蜘蛛和蜜蜂"的故事，就这样一直流传了下来，成为新知识创造者最好的方法论启蒙教材。

传奇人生

培根的父亲死后，没有给他留下足够的遗产，这使得他的生活变得很拮据，于是他恳请当首相的姨父比莱格勋爵帮他谋一个职位。不过势利的比莱格傲慢地拒绝了他，他必须像所有贫寒的大学生一样从头开始。后来他取得了律师资格证，但人们不承认他是一个法学家，因为他把哲学观点带进了法学。一次，一名惯匪请求培根救他一命，理由很可笑："我叫 Hog（猪），你叫 Bacon（熏肉），我们是亲戚。"培根机智地回答："朋友，如果你不被绞死，我们就不是亲戚，因为猪死了之后才能变成熏肉。"

后来，培根遇到了贵人。伊丽莎白一世的宠臣埃塞克斯伯爵看上了他的才华，屡次向女王推荐他，他很快得到了女王的赏识。有一次，长期生活在富丽堂皇王宫之中的女王心血来潮，亲临培根的家，她没有想到培根的住宅会是这样简朴，惊叹道："你的住宅太小了啊！"培根则耸耸肩，平静地说："陛下，这是因为您光临寒舍，才使得它显得小了。"后来，因为政治上的失误，埃塞克斯与女王产生了不可调和的矛盾，培根选择了背叛朋友，站在了女王一边，最终埃塞克斯被处以死刑。

新国王詹姆斯一世登基，给培根带来了机会，新国王表示自己喜欢哲学，而培根则向他保证，自己一辈子都会献身哲学。国王任命培根为皇家律师、总检察长、掌玺大臣、大法官，又封他为韦鲁拉姆男爵、圣奥尔本斯子爵。但是，就在培根受封子爵后三天，下议院的议员与国王的代表争执起来，议员们开始议论国王和大臣们的特权，又抱怨司法不公。在培根的政治仇敌爱德华·库克的授意下，议员揭发重大的舞弊行为，矛头直指大法官培根。国王决定弃车保帅，让培根充当下议院怒气的替罪羊，生性懦弱的培根对所有的指控供认不讳。他被罚款，免除贵族称号，剥夺担任公职、参加议会和进入宫廷的权利，监禁在伦敦塔。

出狱后的培根生活困窘，穷得甚至喝不起啤酒。而如果没有啤酒，培根就睡不着觉。他还有一些怪癖，例如相信月亮能对健康产生作用，或者在春天下雨时坐着敞篷马车外出。

培根是被他的好奇心害死的。那时，流行病正肆虐伦敦，疾病耗费了培根的最后精力。但他非常喜欢研究自然，不顾及自己的健康，而把大部分时间用来做试验。1626 年 4 月 2 日，天上下着大雪，培根想起要试验雪对防止有机物质腐烂的作用。于是，他去买了一只刚刚宰杀好的鸡，亲手把鸡埋在雪里。但是，寒冷的天气让他得了重感冒，甚至支撑不到回家，只好就近到阿伦德尔伯爵家栖身。他给在外地的伯爵写了一封信，说他差点遇到与普林尼（古罗马学者，为了考察维苏威火山的喷发，在接近火山时死去）同样的结局，他也没忘告诉伯爵试验成功了。这是他亲手写下的最后一句话，一个星期后，培根离开了人世。他的墓志铭是这样的："我把灵魂留给上帝，把躯体留给黄土，把名字留给未来的时代和异国他乡的人们。"

笛卡尔：我思故我在

　　笛卡尔（1596—1650），出生于法国安德尔－卢瓦尔省的一个旧贵族家庭。笛卡尔是近代哲学的创始人，他提出了"我思故我在"的命题，建立了心物二元论，对后世的莱布尼茨、斯宾诺莎乃至康德等人都有影响。黑格尔称他是"近代哲学的倡导者"，认为"是他替哲学奠定了稳固的根基"。人们在他的墓碑上刻下了这样一句话："笛卡尔，欧洲文艺复兴以来，第一个为人类争取并保证理性权利的人。"

三个梦与真理之神

1619 年 11 月 10 日，那是个很特殊的日子。时至今日，我们已经不能确切知道那晚究竟发生了什么样的事情，但对笛卡尔来说，那绝对是个极为特殊的日子。在那个晚上，笛卡尔和往常一样安然地进入了梦乡。但这次，他没有像往常一样一觉睡到天亮。这个晚上，也许是他在醒着的时候思考了太多的问题，以致虽然他已经躺到了床上，但他的脑袋仍然在高速的运转当中，直到他朦胧地睡去。这晚他做了三个梦，三个他醒来之后仍然记忆清楚的梦，三个改变了他的一生，同时也影响了整个近代科学的梦。

在第一个梦里，笛卡尔收到了一个甜瓜，他在大街上走着，力图向左偏斜以克服身体右倾的毛病。突然他受到了暴风雨袭击，被风吹到了教堂。然后是第二个梦，他听到了震耳的雷声，这雷声使他惊醒，但随即又安然地睡去。

第三个梦，也是最具含义的梦。在那之中，笛卡尔看到了一本书，仿佛是辞典，旁边还有一本诗集。他翻看诗集，读到一行拉丁文的诗句，意思是："在生活中，我要走什么路？"然后一个陌生人要他注意一首以"Est et non"开头的诗。笛卡尔回答说他也知道这首诗。他还告诉陌生人说他知道同一个诗人写的另外一首更优美的诗，开头是"……我要走什么路？"。陌生人要笛卡尔找给他看，笛卡尔却没有找到，但是发现有一群小雕像，却没有一个是笛卡尔认识的。刹那之后，陌生人和雕像都不见了。

笛卡尔从梦中醒来之后，躺在床上仔细琢磨着这些梦的启示。巴伊叶在《奥林匹卡》中转述的笛卡尔的解释是这样的：

第一个梦里送给笛卡尔的甜瓜象征着"孤独的魅力，但由纯人性的呼求所呈现"。将踉踉跄跄的漫步者吹向教堂的风不是别的，正是一个恶鬼，尝试着"强迫把他抛入他本想自愿走去的地方。因为这个缘故，上帝不允许他被上帝未曾派遣的精灵卷裹而去，哪怕是飘往神圣的地方"。

第二个梦里的打雷是"真理之灵降临于笛卡尔附着于他身体的信号"。

而第三个梦里面，辞典象征着"全部科学的综合"，诗集代表哲学加上智慧。因为笛卡尔"不认为看见以下事件值得大惊小怪：诗人——哪怕是废话连篇的诗人，出口成章，句句都比哲学著作更为庄重更为合理，表达也更为精妙。他认为这神奇之功全在于狂热之神与想象之力，这就使得智慧的种子（人人心灵中本来就具有，就像火花蕴藏在石子里一样）比理性之于哲学家，更容易萌发得多，也更为灿烂得多"。诗句"……我要走什么路"是一位智者的忠告，而"Est et non"即毕达哥拉斯的"是与否"，表示了人类科学知识中的真理和谬误。因此，笛卡尔认为，是"真理的精神"通过梦向他开放通往所有科学宝库的道路。

致命的仰慕

笛卡尔的死颇有戏剧性，是因为一个仰慕他的人使他客死异乡。笛卡尔身体状况非常糟糕，笛卡尔的母亲在生下他 13 个月后就去世了，原因是肺病。笛卡尔遗传了他母亲那苍白的面色和干咳的病症，弱不禁风。许多医生都断言，这个孩子活不了多久。因此，抚养他的外祖母将他像颗幼苗一般养在温室里，精心地照顾他，甚至连与其他孩子玩乐都不被允许。后来笛卡尔进了拉夫累舍公学，他的父亲将他托付给了当时校长的远房亲戚查莱教父，查莱教父徇私给了笛卡尔不少的特权。因为查莱教父发现笛卡尔有一个天生爱沉思的心灵，同时也为了照顾笛卡尔糟糕的身体，让他不用太早起床，渐渐地笛卡尔养成了早上睡醒之后仍然躺在床上沉思冥想的习惯。笛卡尔每天早晨醒来时都觉得自己的心灵是最活跃的，一切的力量都被唤醒了。

中国有句古话说"读万卷书，行万里路"。远在法国的笛卡尔虽然没有听过这句话，却用自己的亲身实践来实现了这句话。在 8 岁进入拉夫累舍公学之后，笛卡尔阅读了大量的书籍，然后慢慢萌生了向世界求学问、阅读世界这部大书的愿望。于是在毕业之后，笛卡尔抛开了书本，开始了他长达 10 年的游历之旅。他曾到过巴黎，侧身巴黎豪华放荡的贵族生活。他曾多次用他的机智和数学知识让开设赌局的庄家输得倾家荡产。随后他厌倦了那种浮华绮丽的生活，离开了巴黎，在荷兰作为志愿军参加了莫里斯亲王的军队，这是他身体状况比较好的时期。当然笛卡尔并不喜欢流血和暴力，参加军队只是因为这样是最经济和最简便也最安全的旅行方式。你见过有哪个毛贼敢对军队动手吗？

笛卡尔不停地游历，不停地思考和探索，在广大的世界中吸取知识的营养，但他总觉得自己是无知的。他的朋友有一次问他说："你的学问已经如天上的星辰般辽阔广博，竟然还感叹自己的无知，这不是太可笑了吗？"笛卡尔回答说："苏格拉底不是画过一个圆吗？圆圈内是已知的知识，圆圈外是未知的知识，浩瀚无边的未知的世界。知道得越多，圆圈也就越大，与外界接触的空白面就越多，所接触到的未知世界就越大，这样的我又如何能够认为自己是知道很多的呢？"

经过 10 年游历之后，笛卡尔认为自己已经能够建立一种新的科学的哲学了，于是他先回到法国老家。这个时候笛卡尔已经颇负盛名了，大批的人络绎不绝地来拜访他，笛卡尔因此不堪烦恼，认为众多慕名而来的人完全打破了他的安静和沉思的环境，这根本不是思考问题和研究科学的地方。所以笛卡尔后来搬去了荷兰。在那里，他写出了诸多日后代表他思想的著作，并研究了数学、生理学、光学、气象学、化学、物理学和天文学等诸多科学领域，都做出了独特的贡献。

这时，远在瑞典的克里斯蒂娜女王向笛卡尔抛出了橄榄枝，因为此时笛卡尔在荷兰已是声名显赫，而且早在笛卡尔游历的时候，克里斯蒂娜女王就已经和笛卡尔有了书信往来。因此，克里斯蒂娜女王在获悉笛卡尔的书在荷兰被禁之后，立刻邀请笛卡尔去瑞典做她的家庭老师。

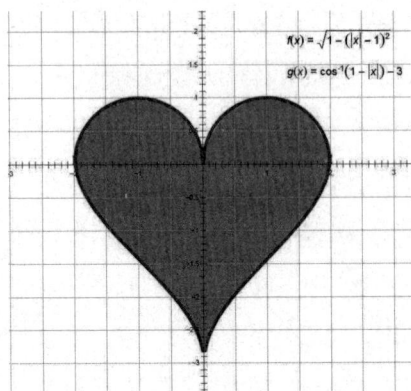

$$f(x) = \sqrt{1 - (|x| - 1)^2}$$
$$g(x) = \cos^{-1}(1 - |x|) - 3$$

笛卡尔的爱心函数公式

笛卡尔在第一次收到克里斯蒂娜女王的邀请之后，一时颇为激动，甚至有过幻想，可以从女王那里得到帮助，来实现柏拉图未能完成的理想国的伟大事业。但是，笛卡尔终归是理性的哲学家，考虑到斯德哥尔摩的冰天雪地和自己脆弱的身体，笛卡尔不得不写了一封措辞很恳切的回信，使女王相信"殿下是上帝的影像中所创造出的最高贵的人"，而被女王召唤是他的莫大荣幸，但是他请求免除他"瞻仰她的优雅风度"的殊荣，因为"在过了20多年的隐居生活之后，我已并非年轻，恐怕受不了旅途的颠簸劳动之苦"。

但是克里斯蒂娜女王是一个顽强而固执的人，她性格刚毅，意志坚强。在收到笛卡尔的第一次拒绝之后，她特意派了一艘军舰和一个特别使团赶赴笛卡尔侨居的荷兰，来接这位伟大著名的哲学家。这次，笛卡尔不得不应允了。但是，他似乎对自己的命运有所预感，他在给朋友的一封信中说："20多年来我做过多次的旅行，结果都是如此不幸，以致我害怕将来会陷入海盗之手或遭到覆舟之祸，或者失去自己的财产，或者失去自己的生命。"

结果笛卡尔的命运不幸被言中。克里斯蒂娜女王是个精力充沛、顽强又好学的学生，对于任何一个老师来说，这样的学生都是最好的教育对象，但对于笛卡尔来说，女王的要求是致命的。因为女王觉得自己在早上的时候头脑是最清醒的，因此她要求笛卡尔每周三天的时间要在天亮前赶到宫殿给她上课。于是笛卡尔不得不在瑞典长达半年的严寒中，经常早上不到4点就起床，然后爬上冰冷的马车，赶到宫殿去给女王上课。去到瑞典不久，笛卡尔就在给朋友的信中写道："我只希望宁静和休息，宁静和休息就是幸福。"1650年的冬天是极冷的一个冬天，当地人都说那是50年来最冷的一个冬天。而笛卡尔原本就欠佳的身体状况也在这种高强度的教学下迅速恶化。在来到瑞典四个月之后，笛卡尔得了严重的肺炎。女王给他派了数位医生，可惜都无法挽救。

在到了瑞典仅仅半年之后，笛卡尔就逝世了。

笛卡尔的壁炉

自从接下克里斯蒂娜女王的邀请之后，笛卡尔就不得不在早上4点起床，然后坐上半个小时的马车赶到皇宫，再给女王讲课。因为女王是个精力十足的家伙。

这一天也是如此，笛卡尔在4点的时候起床，爬上冰冷的马车，在瑞典50年来最冷的一个冬天的早晨向女王的宫殿驶去。因此在进入宫殿之后，温暖如春的感觉让笛卡尔对宫殿里的壁炉不由深深致上感激的一眼，然后开始了例行的讲课。

但是女王今天好似别有用心，她不等笛卡尔开口就问道："笛卡尔先生，听说您发明了一种新的哲学理论，是吗？"

笛卡尔笑着道："好像是的。"

"能给我讲讲吗？"女王是很博学的人。

"当然可以。"笛卡尔道。接着，他开始讲起了他的心物二分理论，这可是旷世的哲学，女王听着如堕云雾中，一脸迷茫。笛卡尔见状，连忙停止了讲课，问道："克里斯蒂娜女王，您是不是有不明白的地方？"

"我听不明白。"女王并不因自己听不明白而感到羞愧，毕竟仅是那些术语就让她不知边际了，而且哲学又是一门很高深的学问。

笛卡尔低头仔细想了想，目光瞥到了那座温暖的壁炉，突然有了主意。他指向那座被他感激过的壁炉说道："女王陛下，您看那是什么？""壁炉啊。"女王答道。

"您再看那壁炉里面有什么。"

"火啊。"女王仔细看了看之后答道。

"那么，女王，您试着想象一下，能不能怀疑我现在正穿着长袍，坐在壁炉边上烤火呢？"笛卡尔笑着道。

"当然可以。"女王点头道。

"我看也是可以的。"笛卡尔点头道，"因为我过去也常常做梦，梦见我穿着长袍，坐在壁炉边上烤火。而实际上，那只是梦境。我只是光着膀子躺在床上。因此我很难说，我现在的这种情况不是梦境或是幻觉。您理解这个意思吗？"笛卡尔顿了一顿，问道。

"当然。"女王是个很有智慧的人。

笛卡尔微一点头，接着说道："因此，我们不但可以怀疑自己的感觉和肉体，而且也应该怀疑其他的各种知识，例如说，对于数学，我们就完全应该有理由来怀疑。"

"可是数学又该怎么怀疑呢？"女王问道。毕竟数学那些最基本的东西都是公理啊，不可怀疑的。

"不知道您发现没有，一些简单的数学问题，许多人在推导它的时候，也会出错。所以我们很难说自己在进行同样的推导时一定不会出错。您试想一下，是不是这样。"笛卡尔循循善诱。

女王低头想了一会儿才答道："好像是的。"

"那么，我是不是可以据此断定：没有一种观念，在我看来是完全确定的，世界上的一切都是可以怀疑的。"笛卡尔笑着道。

"按照你的这个说法，难道你也怀疑你自己的存在吗？"女王笑着反问道。

"不！我尽管可以怀疑一切事物的存在，但是有一件事却是确凿无疑的。"

"什么事情？"女王问道。

"那就是'我在怀疑'。"

"我在怀疑？"女王有点不理解。

"对，'我在怀疑'。"笛卡尔特意加重了语气，"因为'我在怀疑'这件事情本身，是不可怀疑的。'我在怀疑'表明'我'在思想。既然肯定了'我在怀疑'，即我在思想，却又否定思想者本身的存在，这是自相矛盾的、荒谬的，也是不合理的。思想，必然要依赖于思想者而存在。"笛卡尔最后说出了自己最著名的哲学观点，"所以，我思故我在。"

女王觉得终于听明白了："所以说，笛卡尔先生，您是认为有一个有血有肉的我存在是不容怀疑的。"

"当然不是。"笛卡尔连连摇头，"这个'我'并不是现实中这个有血有肉的我，刚刚我已经说明了，现实中的这个我是可以被幻想和怀疑的。就像我们可以质疑任何一个为世人所公认的数学公理存在的合理性一样，我们也可以怀疑现在我在这里讲课是不是只是某个神明制造的幻觉而已。"

"我所说的'我'，是那个可以思考我为什么存在，怀疑这一切存在的合理性的'我'，它不是有血有肉的，而是近乎一种思维，一种心灵的存在。"

"哦。"女王恍然大悟，"您所说的并不是这些存在于现实世界中的个体，而是那个可以在思想中去思考'为什么我会怀疑'，在怀疑着这一切存在合理性的'我'，是不是？"女王兴致勃勃。

"当然。"笛卡尔含笑着道。

"但是，如果按照您所说的，'我'是那个可以怀疑这一切的我，那么这世界上的物质实体又是如何进入那个'我'的呢？"女王对于哲学的思考也是很深刻的。

"这就要牵扯到另外一个问题，就是，心灵如何去认识事物。"笛卡尔继续指着壁炉问道，"您看那个壁炉，如果我们不去思考，那么它是不是继续存在在那里，就像日月星辰不因我们的生灭而生灭一样？"

"当然。"女王点头。

"然而我们现在能够思考它，这又是为什么呢？是因为我们可以思想。虽然那个怀疑一切的'我'不是明确存在的，但是它是可以思想的。但是物质实体不一样，物质实体虽然确实存在在那里，但是它们是不可以思想的。就是说，它们是不可能去思考为什么它们会存在、它们存在的真实性是否值得检验这种问题的……"

笛卡尔的话被女王迫不及待地打断了："笛卡尔先生，您刚刚还说我们可以怀疑这一切存在的合理性和真实性，为什么现在又说那些物质实体是真实存在的呢？"

"问得好。"笛卡尔赞扬道，"那是因为在物质和思维这两个实体之间，存在着第三个实体，正是这第三个实体，使得思维可以去思想这存在的种种物质。"

"这第三实体是什么？"女王好奇地问道。

笛卡尔神秘地笑笑，说道："是上帝。"

"上帝？"女王是个虔诚的基督徒，因此这让她有点儿不理解。

"是的，上帝。"笛卡尔坚定地点点头道，"这世界上，有思想这个实体的存在，但是它只能思想，不能广延。而物质实体，它只拥有广延性而不能思想。那么，为什么在我们的思想中会出现各种各样的物质实体的形象和概念呢？是因为上帝把这些清楚明白的概念放到了我们心中，因此那个怀疑一切的'我'就可以认识这个世界，认识这些物质实体，乃至认识那些被人们认为是公理的东西，因此，我们现在就可以认识这个世界。"笛卡尔的哲学体系就这样构建完成了。

在他的体系中，存在着思想这个第一主体，物质这个第二主体，以及上帝这个连接了思想和物质的第三主体；这三个主体，构建了人类认识世界的基础。

斯宾诺莎：心灵的绝对德性就是理解

斯宾诺莎（1632—1677），出生于荷兰阿姆斯特丹的犹太人，一生贫困，以磨制镜片为生。但是，就是这样一个在海牙为人磨镜片赚生活费的人，却写出了《伦理学》《政治论》等诸多名著。他试图弥合笛卡尔心物二分理论的缺陷，提出了上帝的新定义。他是与笛卡尔和莱布尼茨齐名的伟大哲学家和科学家。费尔巴哈曾把他称为"现代无神论者和唯物论者的摩西"，诗人海涅则说："所有我们现代的哲学家，虽然也许常常是无意识的，都是透过斯宾诺莎磨制的镜片来观看世界。"

从信徒走到异端

在 1656 年 7 月 27 日，荷兰阿姆斯特丹的犹太教会进行了一项开除教籍的仪式，教会的拉比用洪亮的声音对被开除教籍者施以最严厉的诅咒。灯烛一盏盏依次熄灭，象征着那个被开除教籍的人的精神生命即告完结，并向整个犹太世界发布了公文。公文上说："任何人都不得以口头或书面的方式与之交往，不得对他表示任何好感，不得与他同住一屋，不得与他保持两米之内的距离，不得读他的著述和书写的任何东西。"这个可怜的被整个犹太教世界孤立的人就是斯宾诺莎，时年 24 岁。

这是怎么回事呢？这就要从斯宾诺莎当时的思想说起了。斯宾诺莎出生于荷兰阿姆斯特丹的一个犹太家庭。他的父亲是一名商人，拥有宽裕的家庭条件，因此小斯宾诺莎可以进入当地的教会学校，学习以后如何当好一个拉比。斯宾诺莎聪敏好学，使得他在学完拉比的课程之后，还有大量的时间可以去看那些用拉丁文写的哲学和光学以及其他多门科学的著作。就是在阅读这些著作的时候，斯宾诺莎逐渐萌发了日后导致他被逐出犹太教会的思想。他开始漠视犹太教的教规仪式，拒不执行犹太教的饮食规则，他不相信灵魂不灭，否认天使的存在，主张上帝并不像教会里所宣扬的那样是超越于世界的精神主宰，而是表现在大自然中。

斯宾诺莎这些大胆的言论在犹太教会中产生了巨大的冲击，那些拉比们对此恼火异常，但是他们并不想将斯宾诺莎的言论宣扬出去，因此一开始他们找到斯宾诺莎并许诺说如果他可以保持沉默，并在表面上表现出他对宗教某种程度的服从，他就将获得一笔可观的年金。要知道那时的斯宾诺莎正逢父亲去世，财产被同父异母的姐姐获得，他必须自食其力。但是斯宾诺莎拒绝了，因为他认为如果他接受这笔年金，放弃对教会的批判，就会成为真理的叛徒。于是，教会在 1656 年 6 月的一天，传唤了斯宾诺莎。在拉比们的法庭上，诸多的人指证斯宾诺莎妖言惑众，发表异端邪说。斯宾诺莎凛然不惧，做出了犀利的反击，阐明了自己的思想。因此法庭做出了开除斯宾诺莎教籍的决定。不过，他们给了斯宾诺莎 30 天的思考期以便"留校察看"，如果斯宾诺莎表现良好的话，他就可以重回教会。但是斯宾诺莎依旧我行我素，于是在 1656 年的 7 月 27 日，在荷兰阿姆斯特丹，发生了一开始的那一幕。拉比宣称："我们驱逐、孤立、憎恨和咒骂巴鲁赫·斯宾诺莎，……主将不宽恕他，主将对这个人表示愤怒和给予惩罚，并使他领受《摩西律法》所载诅咒的所有灾祸；主要在普天之下毁他的名；并且，对于他的堕落，主将按照载入《摩西律法》中的苍天之下的所有诅咒把他逐出以色列人的十二支族。"

这是犹太世界最严重的惩罚，斯宾诺莎却对此毫不在意，他曾说："很好，这样我就可以不必强迫自己去做我本意不愿做的事情了。"

但是犹太的拉比们并不放过他，他们向阿姆斯特丹当局控告，说斯宾诺莎是个危险分子，要求当局将之驱逐。斯宾诺莎不得已，只好开始流浪，最后避居海牙。这个时候，斯宾诺莎双亲已经亡故，犹太世界与之决裂，不得已之下，他只好靠磨制镜片维持生活。

由于斯宾诺莎本身深厚的光学造诣，所以他磨制的镜片质量上乘。当然，斯宾诺莎本人并不关心这个，磨镜片只是他维生的手段而已，他最重要的事情是每天磨制完一定数量的镜片交给朋友代卖之后，就一头扎进哲学的世界，放弃一切的财富、荣誉和感官的快乐。

当时在海牙，斯宾诺莎几乎如同名胜一般，每个来海牙的人都以瞻仰斯宾诺莎的风采为荣，但是斯宾诺莎从来不曾接受过任何的馈赠。他先是拒绝了一个商人，也是他的好友西蒙·德·弗里给予他一笔 2000 弗罗林的馈赠。在西蒙将财产留给兄弟之后，斯宾诺莎又一次拒绝了西蒙兄弟给予年金的好意。他说："如果我彻底下决心，放弃迷乱人心的财富、荣誉和感官快乐这三种东西，那我所放弃的必定是真正的恶，而我所获得的必定是真正的善。""爱好永恒无限的东西，可以培养我的心灵，使得它经常欢欣愉快，不会受到苦恼的侵袭，因此它最值得我们用全力去追求，去探寻。"

与教士们的辩论

在 1656 年 6 月斯宾诺莎被拉比传唤到法庭的那天，他在庭上和众教士们展开了激烈的辩论。辩论是从"犹太教法典是否具有普遍适用性"开始的。

教士们认为："犹太教的法典是普遍适用于全人类的法典，因此任何人都应该遵守犹太教的法典。"

斯宾诺莎对此嗤之以鼻。他反击道："很显然，犹太教的法典最多只能适用于犹太教，它对世界上绝大多数人来说根本没有约束力。比如说，整个基督教的世界。""可是基督教也是信仰上帝的。"教士们认为自己抓住了斯宾诺莎的话柄。

"我是信奉上帝的啊。"斯宾诺莎一脸无辜地说道。

教士们纷纷激动兴奋起来，因为斯宾诺莎说他相信上帝，他们以为已经将斯宾诺莎驳得哑口无言了。"可是你信奉的上帝是哪个上帝啊？"一个对斯宾诺莎稍有了解的教士不相信斯宾诺莎会这么干脆轻易地投降。

"我信奉的上帝，在逻辑学上或者形而上学上可以被称为实体，在神学上就是被你们称为上帝的东西。"斯宾诺莎狡黠地笑了笑。

教士们群情激愤："这家伙竟然说上帝是个东西。"

"他诬蔑上帝是个东西。"

"上帝明明不是个东西。"

"对，上帝不是东西。"

……

"肃静。"庭长拿起小槌子使劲地敲了敲，因为教士们已经被斯宾诺莎牵着鼻子走了。他问斯宾诺莎道："你可以说说你的'实体'的概念是什么吗？""当然可以。"斯宾诺莎正容答道，"所谓的实体，我指的是那种存在于自身之中，并通过自身被思考或理解的东西，也就是说，形成实体概念无需借助于另一个事物的概念。"

"那么你的实体和我们的上帝是一回事吗？"教士们虽然早就听闻过斯宾诺莎的思想，但还是要求斯宾诺莎亲口说出来，想借人多势众来压服斯宾诺莎。

"所谓上帝，我指的是绝对无限的存在物或由无限属性组成的实体。其中每种属性都表现出永恒、无限的本质。"斯宾诺莎面不改色。

"你说的上帝和《圣经》中的上帝有区别吗？《圣经》中的上帝也是无限存在的。"某教士气势汹汹地回道。

"那可完全不一样。"斯宾诺莎摇摇头道，"《圣经》中的上帝其实是不存在的。"一句话捅了马蜂窝，教士们将之奉若性命的上帝竟然被斯宾诺莎斥为不存在，这让他们以后怎么生活，怎么布道呢？

"你们应该明白，"斯宾诺莎冷冷地说道，"《圣经》本身并没有给上帝一个严格的定义，《圣经》中的上帝并不具有无限存在的本质，而只是你们口中的爱和正义的属性。你们只是从自己的感觉表象上出发，去塑造上帝，将上帝想象成了统治者、立法者、皇帝、正义、爱等。可是你们想过没有，这些都只是人的属性而已。你们这样做，是把人的属性加到了上帝的身上，只不过你们是把对人类最美好的要求和最完美的属性加到上帝身上，你们这是在贬低上帝。你们觉得你们把一头猪的属性摆到人的身上，人会觉得那是光荣还是耻辱？虽然那已经是猪最完美的属性了。"

斯宾诺莎大笑道，轻易地将莫大的罪名安在了教士们的头上。

"不，我对上帝的虔诚无人可比。"教士们纷纷向上帝表示忠心。

"按照你的说法，难道上帝都不具备这些属性吗？"教士们问道。

"当然。"斯宾诺莎点头说道，"上帝根本就不具备这些人的属性，这是个没有耳朵和眼睛，没有正义和爱的上帝。当他活动的时候，他并不考虑任何人的需要，而仅仅按照他自身的规律来运动。这些规律并不像你们所想象的那样，是指向人的需要和幸福，而是指向他自身的存在。"

"指向他自身的存在？"教士们听不懂。

"对，就是指向他自身的存在，按照他自身的规律办事。其实我所说的上帝，就是自然界这个确定性的存在。"斯宾诺莎终于说出了他真正的思想，"这个实体有两种性质，广延和思维，这两个样式是认识自然界这个实体的两种方式。但是实体无限而不变，样式有限却多变。实体的运动就像刚刚所说的上帝一样，是按照它自己本身的规律来行动，并不因外界的变化而变化，因此它的任何行为都起因于它自己，就像上帝一样。"

斯宾诺莎继续侃侃而谈："这个上帝和自然界一样，本身他的运动不因为外界的变化而变化，也就是说，他的一切活动都起因于他自身。有了原因，于是这个世界开始运动，并持续不断地因果循环，造成了这个世界不断的运动。因此上帝的本质就是最开始的一切事物的原因，即自然界开始运动的原因。"

"那，上帝和自然界难道就没有区别了吗？你这个可怕的无神论者。"教士们大叫起来。

"基本上，上帝和自然界还是有区别的。"斯宾诺莎顿了一顿，好似在整理着自己的思路，因为之前他并没有时间好好思考过这个问题，"上帝具有主词的意义，而自然界只具有宾词的意义。因为上帝这个存在物，如果不具有和自然界、人不同的个性、特点和属性，那么他就完全是一个多余的存在物。"

教士们哗然，他们为之奉献一生的上帝在斯宾诺莎看来竟然是多余的，甚至连斯宾诺莎都不敢相信自己，他直接否定了上帝的存在，他从来不认为自己是个无神论者啊。

"我要求判他流放。""我要求判他死刑。"……教士们的声音此起彼伏，都要求立刻惩罚这个敢于亵渎上帝的家伙。

"好了，我没法和你们继续浪费时间了，你们爱怎么样就怎么样吧。"斯宾诺莎迅速离开了法庭，因为他必须立刻将他刚才的发言记录下来。他相信，他已经发现了这个世界的真谛，他甚至可以弥补笛卡尔因为心物二分而造成的心物隔阂，以致笛卡尔不得不借助上帝这个神秘的存在来弥合。现在，斯宾诺莎确定自己已经找到了这个关键，那就是：这个世界存在的确定性。

philosopher

莱布尼茨：一个千古绝伦的大智者

  莱布尼茨（1646—1716），出生于德国的莱比锡。莱布尼茨是历史上少见的通才，他的专长包括数学、历史、语言、生物、地质、机械、物理、法律、外交等领域。他本人是一名律师，经常往返于各大城镇，他的许多公式都是在颠簸的马车上完成的。他被誉为"17世纪的亚里士多德"。

天才的童年

　　莱布尼茨是个天才。这句话放在任何一个语境下都是成立的。普鲁士腓特烈大帝称赞他是"一所科学院"，费尔巴哈则称他是一个全才："通常，人们只拥有这种或那种的天赋，可是，莱布尼茨却集各种各样的天才于一身：他既具有抽象的数学家的特性，又具有实践的数学家的特性；既具有诗人的特质，又具有科学家的特质；既具有史学家的才能，又具有发明家的才能；他有很好的记忆力，从而不必耗费精力去重读他过去记下的东西；既具有植物学家和解剖学家的显微镜似的眼睛，也具有进行概括工作的分类学家那种高瞻远瞩的目光；他具有学者的忍耐性和敏锐感，也具有依靠自学的、独立思考的、寻根问底的研究者的坚韧力和勇气。"

　　当小莱布尼茨有一次去一位神父家的时候，那位神父久仰小莱布尼茨的神童大名，便想看看莱布尼茨究竟如何神法。于是他将小莱布尼茨带进了书房，莱布尼茨面对着那从未见过的藏书，开心极了，顺手就抽开了一本拉丁文的《神诗集》，立刻入迷地看了起来。神父惊讶极了，他问小莱布尼茨："你能看懂拉丁文吗？"要知道那时的莱布尼茨还没到上学的年龄。

　　孰料小莱布尼茨很无所谓地回答："当然看得懂，我在家看的就是图文版的拉丁诗集。"

　　神父大为惊叹，不过他还不想就这么罢手，因此他对小莱布尼茨说："那么好，你先看看这本诗集，等吃完饭后我来考考你，怎么样？会有奖励的哦。"神父居心不良地诱激小莱布尼茨。"没问题。"小莱布尼茨却是一点都没有怕的意思，反而很高兴地接受了挑战：有奖励的呀。

一个上午过去后，吃完饭，神父来到书房，莱布尼茨已经将那本诗集扔在了一边，正在看其他的书。

神父见此情景，心里稍微有些怀疑，不过他没有表现出来。他问莱布尼茨："你看完这本诗集了吗？"

"早看完了。"莱布尼茨头也不抬地道。

"那好，我们来做个小游戏怎么样？我随意地指出其中的一段，然后你把它默写下来，怎么样？"神父奸诈地笑道。

"随便你指哪一段。"小莱布尼茨艺高人胆大，一点都不慌张。

"嗯，那么好，第三章第三段的第三行。"神父随口说道。莱布尼茨迅速在纸上写了出来，神父一对照，大惊失色，竟然完全无误。

"第四章第四段第四行……"

"第五章第五段第五行……"

"第六章第六段……"

"第七章……"

……

"神父。"小莱布尼茨开口了，"您还是别忙了，索性我把整本诗集都默写出来吧。"

"你可以把整本诗集都默写出来吗？哦，这不可能！"神父似乎遭受了太大的打击了。

小莱布尼茨也不理他，直接在纸上将一本诗集共 300 行都写了出来。神父不敢相信地从头到尾挨个词对照，发现竟然一字不差。

"噢，你真是个天才。"神父的形容词莱布尼茨早已经听了不知道多少遍了，所以他一点没有激动，倒是对那个奖励非常在意："神父，您要奖励我什么呢？"

"你想要什么呢？"神父已经恢复了平静，慈祥地问道。

"我要什么都可以吗？"莱布尼茨眼睛一亮，赶紧拿话扣住神父。

"当然可以，只要你要，只要我有。"

"那我要那两本利维和维吉尔的书。"小莱布尼茨颇有心机，早看好了那两本梦寐以求的书。

"好吧，你拿去。"神父从书架上拿下两本书，递给莱布尼茨，"不过你要注意，这两本是禁书，不能让别人知道你在看这两个人的书，明白吗？"

"明白。"莱布尼茨抱着两本书，用力地点点头。

世界上没有两片完全相同的树叶

那天是个很好的晴天，当莱布尼茨接到普鲁士王后索菲娅·夏洛特的邀请之后，毫不考虑地就接受了。他在普鲁士王后还是汉诺威郡主的时候就已经是她的好友了。

当莱布尼茨来到目的地赫伦豪森花园时，另一位客人培尔爵士已经在花园里了。索菲娅王后看到莱布尼茨，当即高兴地迎了出来。

"啊，威廉，你终于来了。"王后忙着将莱布尼茨请了进去。"是的，郡主。"虽然索菲娅已经嫁人做了王后，但莱布尼茨还是习惯用郡主的称号。主客坐定之后，索菲娅王后率先发问了："听说你现在正在研究单子论，是吗？""是的。"莱布尼茨欠身答道。"那一定是个伟大的学说。"索菲娅衷心地赞叹道，"能和我们说说吗？""当然可以。"莱布尼茨点头道，"你们请看看这个花园，您能看到这花园里有什么吗？""有花有草，还有小鸟小狗。"女性总是感性的。"还有泥土、树木、光和空气。"培尔爵士终究是男的，比较理性。

莱布尼茨笑着说："不错，除了这些，我们还可以看到很多。但是在我们看不到的地方，还有更多的东西，比如结网的蜘蛛、在地下打洞的老鼠、树木上的虫子……仅在这个花园里就有如此多的东西，而且它们都是不一样的，是吗？"莱布尼茨问索菲娅和培尔。

"是的。"索菲娅王后点头道。

"您看，仅这一个小花园，我们就可以找出如此多不同的东西，正是这些完全不同的东西组成了花园这个整体，那么您再想想看，又是什么东西组成了大树呢？"莱布尼茨问索菲娅。

"树根、树干、树枝和树叶。"索菲娅王后毫不迟疑地回答。

"是的，一棵大树是靠树根、树干、树枝和树叶组成的，那么，这些树根、树干、树枝和树叶呢，又是由什么组成的呢？"

莱布尼茨继续问下去。

索菲娅王后有点迟疑："这个……"

这时，莱布尼茨站了起来，一边挥舞着手臂一边说："现在你们要明白，这个世界是由一种最基本的粒子所构成的，那就是单子。这个世界是客观存在的，因此这个世界是确定无疑的，它是由客观物质所组成的，我将这种粒子命名为单子。因为组成这个世界的物质是多种多样的，因此我设想这种单子也是各具自己的性质和属性，没有单子是相同的，这样它们才能构成这个完全色彩缤纷的大千世界。"

"您说没有单子是相同的？"培尔爵士这时又插话了。

"是的。"

"按照您的理论，那么这个园子里的树叶难道就没有两片是相同的吗？"培尔爵士问道。

"绝对没有。"莱布尼茨信心十足地回答。

"不如我们来找找看吧。"久未发话的女主人索菲娅王后兴致勃勃地拉着两位客人就走进了花园。他们精心挑选了两片看起来颇为相似的树叶，可是经过仔细比较之后，王后丧气地发现那两片看起来差不多的叶子其实有着巨大的差别。王后不死心，又找了两片，还是不同。王后着急了，她一声令下，命那些随同的侍卫都去找树叶。

忙活了一个下午，侍卫们找了无数片叶子，可惜经过比较之后，那些看起来差不多的叶子或多或少都是有差别的。

莱布尼茨笑着说："我尊贵的王后啊，您还是不用找了，您已经差不多把这个花园的树叶都给摘光了。现在您相信这个花园里没有两片相同的叶子了吧？"

"我就不相信了，等我向全国发出通告，让他们去找两片相同的叶子来给你看看。"王后气呼呼地道。

"不用忙活了。"莱布尼茨诡异地笑着说，"先不说您能不能找到两片相同的叶子，就算您能找到看起来相同的两片叶子，它们在更小的层面上也未必会相同的，就像我们不能区分开蚂蚁之间的差别一样，但是蚂蚁确实存在差别。所以就算是看起来相同的两片叶子，当它们深入到单子层面时，也不可能是完全相同的，总会有一定的差异存在。这些差异就是单子构成我们这个世界万千气象的原因啊。"

"所以，这个世界上绝对不存在两片完全相同的树叶。"

贝克莱：存在就是被感知

　　贝克莱（1685—1753），出生于爱尔兰的基尔肯尼。作为一名主教大人，贝克莱绝对地敌视唯物主义。他毕生所做的努力就是动摇唯物主义物质存在的绝对性的根基。他曾梦想在新大陆开设教会学堂，最终没有实现。

　　他和约翰·洛克、大卫·休谟被并称为英国经验主义的代表人物。

从反叛到皈依

贝克莱主教在历史上是以神学的坚定捍卫者面目出现的，但在他的备忘录里，曾经记载过这样一段话："我8岁时是不信神的，因而本质上倾向于那些新学说。""不信神的"这个词代替了已经被画掉的"怀疑的"一词。另一句话则是："从我童年起，我就发生过无数次这样的思想转变。"

时至今日，我们已经不能确切地知道那时候究竟发生了什么事情，使得一开始并不信仰神的贝克莱日后会变得无比虔诚。37岁那年，贝克莱读完神学院，并发表了他最重要的三篇哲学论文，之后他许下了一个宏大的愿望：在百慕大设立一座神学院，以教导新大陆的印第安人和种植园主。他本打算将下半生都虔诚奉献在这个事业上面，为此他奔波了九年，甚至成功说服议会通过了拨款。可惜那笔款项迟迟不到位，贝克莱最后不得不离开百慕大，而将自己募集来的物资都捐给了新大陆的大学，包括哈佛和耶鲁大学。之后，他在王储威尔士亲王的王妃卡罗琳公主的帮助下当上了爱尔兰克罗因地区的主教，并在那个位置上一直到去世。

那颗不存在的樱桃

自从贝克莱发表了《视觉新论》之后，他的信箱里就塞满了反对者的信件。有人甚至给他寄了一首打油诗，诗上说：

上帝一定认为太稀奇

假如他发觉这棵树

存在如故

那时候却谁也没在中庭里

答:

敬启者:

您的惊讶真稀奇

咱时时在中庭里

这就是为何那棵树

会存在如故

因为注视着它的是

您的忠实的上帝

　　于是贝克莱决定开一场演讲会来阐明他的思想,他选择了接受当时伦敦夫人们的邀请,决定从那里开始他的征程。他来到了沙龙所在地,此时那些女士们都已经在场了。她们看到了贝克莱主教,纷纷围上来希望听到他关于上帝的布道,谁知贝克莱却说:"我今天不打算布道,我想做的是关于上帝存在的演讲。"夫人们纷纷鼓掌表示赞同,因为她们都是基督徒。

　　"在说到上帝之前,请看这颗樱桃。"贝克莱从水果中拿起一颗樱桃,绕场一周展示之后,回到了原来的位置上,"现在你们看看，这颗樱桃怎么样？"

"它肯定很甜。"有位夫人笑着说。

"也许，在我们尝过它以后，我们可以定义它是不是甜的。还有吗？"贝克莱继续问道。

"它是红色的。"又一位夫人说了出来。

"是的，如果撇开那些白色部分不算的话。"贝克莱点头，"继续。"

"它是圆的。"有位夫人迟疑着道。

"是的，它是圆的，尽管不是严格的正圆形。"贝克莱道，"好了，到此为止，现在你们说了关于这颗樱桃的三个属性：红的、圆的、甜的。你们想想看，还有什么东西也是红的、圆的，又是甜的呢？"

"苹果。"

"糖果。"

"葡萄。"

"是的，你们提出了很多相应的东西，它们都符合红的、圆的、甜的这三个属性。"贝克莱摇着手道，"那么你们认为，究竟樱桃这个概念它是否存在？"

夫人们鸦雀无声，因为她们可不知道该如何说明樱桃是怎么存在的。这时贝克莱一口将那樱桃吞进了肚子，说道："现在你们想象一下，这颗樱桃是否还存在呢？"

"它已经被你吞进了肚子，如何还能存在？"有位夫人高声叫道。"但是你们内心是否还能形容出樱桃的样子？"贝克莱反问道。

"是的。"夫人们点头。

"那么是什么可以让你们在没有樱桃的情况下还能产生樱桃的概念呢？"贝克莱环顾一周，继续道，"是上帝。是上帝将樱桃的概念放进了你们心里，所以你们拥有了樱桃的概念，你们就可以凭借这个概念去寻找樱桃。如果没有这个概念，就算这个物体存在，你们也不会发现它就是樱桃，不是吗？"

"所以，只有当你们拥有了上帝赋予的概念之后，你们再通过寻找感知，找到相关的物质，才会存在。就像这颗樱桃，如果没有被你们感知，它就不存在。无论是它的甜味、它的形状，还是它的颜色。如果没有被你们所感知，它是不是还是甜的，它是不是还是红色的？也许在我们之外看来，它是灰色的，它是不甜甚至苦的，那么它的那些属性还能存在吗？显然它就不存在那些属性，因此它也就不是樱桃，这颗樱桃也就不存在了。"

"那您的意思究竟是……"有位夫人实在忍不住了。

"我的意思就是：这个世界上的物质是确实存在的，但是它却必须是在被感知之后才存在的。就像樱桃，它确实以物质的形式存在，但是只有当它被我们感知到的时候，樱桃才是存在着的。而樱桃这个概念则是上帝放进我们心中的。所以当我们对世界上任何事物都有概念并且可以感知的时候，万能的上帝将无处不在。"

philosopher

休谟：明天的太阳从何方升起

休谟（1711—1776），生于苏格兰爱丁堡，死于伦敦。休谟承接洛克和贝克莱，是英国极端时期经验主义的代表人物。他的不可知论将康德"从独断论的迷雾中唤醒"，对后世实证哲学和逻辑实证主义有启发之功。

默默无闻的哲学家

休谟很苦恼，特别是当他发现自己的生活费将告竭之后，巴黎的消费水平很高，尽管平时他是一个无忧无虑的乐天派，此时也陷入了空前的苦恼当中。这时他的一个朋友走了过来，他看到了休谟一脸的愁云惨雾，于是关切地问休谟："你怎么了？看你的脸色很不好。"

"没事，我只是在生气而已。"休谟耷拉着双眼回答。

"谁惹你生气了？难道不知道你可是很有人缘的吗？"那位朋友义愤填膺。

"不是其他人，我是在生我自己的气。"休谟气鼓鼓地道。

"你为什么要生自己的气呢？"那位朋友大感疑惑。

"不是。"休谟考虑着要不要把自己的糗事说出去，不过最后他还是个藏不住话的人，因此从头到尾都说了，"我写的《人性论》出版了。"

"那是好事啊。"这位朋友兴奋地鼓掌。

"但是没卖出去。"休谟兜头一盆凉水，"而且是一本都没有。"休谟将凉水换成了冰水。

"噢。"这位朋友不知道该怎么说了。任何人看到自己的心血不被人重视，都会愤怒的。"这该怎么说呢，"那位朋友沉吟了一会才接着说，"也许是因为你名气不够大吧。"

"是这样吗？不是因为我的书不好？"休谟反问道。

"你既然敢把书拿去出版，怎么能认为自己的书不好呢？"那位朋友点头说，"肯定是因为你的名气太小，所以没有人关注这样一本伟大的哲学著作的诞生。你的当务之急就是将自己的名声变大。"

"我要怎么做才能让自己的名声变大？"休谟满怀期望地问。

"既然你的文笔那么好，不如去写散文吧。"那位朋友出主意道。

"好，那我就先把自己的名声变大，之后再写哲学的书。"休谟做了决定，"不过，您能不能帮我一个忙？"

"什么忙？"那位朋友有不好的预感，"先说好，要求不能太过分啊。"

"你也知道，出书不便宜，巴黎的消费水平又那么高，现在我几乎是无米下锅，你能不能先借我些钱，等我的书大卖之后，我一定会还你的……哎，我还没说完呢，你别走啊，大不了我把我祖传的宝剑抵押给你。"

休谟问题

当因果论成为世界的通识之时，休谟也发现，哲学家们在哪怕是最小最久远最基本的一个问题上都能争吵半天，因此休谟决定寻找一种新的确定真理的方法。他对那些被人们普遍认同的理论提出了疑问。

休谟认为最典型的因果论完全是人们心理联想的结果。当你看见打雷闪电时，你不能确定接下来肯定会下雨。你认为打雷闪电之后肯定会下雨是因为你以前看多了这种情景，所以你将打雷闪电和下雨联系到了一起。而实际上，打雷闪电和下雨并没有必然的联系。因此休谟认为：虽然我们能观察到一件事物伴随着另一件事物而来，我们并不能观察到任何两件事物之间的关联。而依据他怀疑论的知识，我们只能够相信那些依据我们观察所得到的知识。休谟主张，我们对于因果的概念，只不过是我们期待一件事物伴随另一件事物而来的想法罢了。

　　"我们无从得知因果之间的关系，只能得知某些事物总是会联结在一起，而这些事物在过去的经验里又是从不曾分开过的。我们并不能看透联结这些事物背后的理性为何，我们只能观察到这些事物本身，并且发现这些事物总是透过一种经常的联结而被我们在想象中归类。也因此，我们不能说一件事物造就了另一件事物，我们所知道的只是一件事物跟另一件事物可能有所关联。"

　　对于归纳问题，休谟也提出了自己的看法。休谟主张所有人类的思考活动都可以分为两种：追求"观念的联结"与"实际的真相"。前者牵涉到的是抽象的逻辑概念与数学，并且以直觉和逻辑演绎为主；后者则是以研究现实世界的情况为主。而为了避免被我们所不知道的任何实际真相或在我们过去经验中不曾察觉的事实的影响，我们必须使用归纳思考。归纳思考的原则在于，假设我们过去的行动可以作为未来行动的可靠指导。但是按照因果论中的问题，我们过去所得到的经验因为不能确定其中必然的联系，因此那些经验又是无用的。于是休谟提出了使他被称为"不可知论者"的问题：

"明天，太阳还会从东方升起吗？"

philo**so**pher

伏尔泰：因为我有身体，所以我有思想

伏尔泰（1694—1778），法国著名启蒙哲学家、思想家、作家，毕业于巴黎圣路易法学院。因反对宗教和贵族，两次被关进巴士底狱，两次被放逐。1726年被驱逐出法国，到英国流亡三年后返回法国。1734年因出版《哲学通信》一书，受到政府通缉，隐身于偏僻小镇长达15年之久。死后，他的心脏被装在一只盒子里，存放于巴黎国家图书馆，盒子上刻着他生前的一句话："这里是我的心脏，但到处是我的精神。"雨果曾经说，伏尔泰的名字代表的不是一个人，而是整整一个时代。

罗昂事件

　　1725 年 12 月的一天，伏尔泰与勒库弗勒小姐一起坐在歌剧院的包厢里，他像平常一样和一群朋友高谈阔论，这时法国最有权势的贵族家庭的成员罗昂骑士走了过来。罗昂早就对平民出身的伏尔泰在社会上受到尊敬愤愤不平，并且也在追求勒库弗勒小姐，他当众傲慢地问伏尔泰："伏尔泰先生，你的姓氏到底是什么？"罗昂想以这样的方式羞辱社会地位低下的伏尔泰，可是伏尔泰没有回答他，继续与朋友交谈。罗昂更加愤怒了，他蛮横地喊道："你听到我的话了吗？我要知道你的姓氏！"伏尔泰讥讽地回答："骑士先生，我的姓氏是低微的，但我至少给它带来了荣耀，而骑士先生正在结束他的姓氏。"罗昂骑士是罗昂公爵唯一的孙子，怎能容忍这个小小的平民顶撞自己？于是双方按剑，怒目相视。勒库弗勒小姐赶紧站在他们中间保护伏尔泰，罗昂骑士面红耳赤地走出了歌剧院。

　　第二天，伏尔泰正在苏里公爵家吃饭，一个男仆声称有人在门口找他，要他出去。伏尔泰走到街上，只见一辆马车停在那里，他正在好奇地寻找要见他的人时，两个流氓突然窜了出来，用木棍狠狠地揍了他一顿。这两个流氓是罗昂骑士雇来教训伏尔泰的，当时罗昂自己正坐在马车上欣赏着伏尔泰狼狈挨打的样子。他边看边对两个流氓进行指挥，讥笑道："不要打他的脑袋，它会创造出好东西来。"伏尔泰衣冠凌乱地逃回苏里公爵的餐厅，诉说他的遭遇，要求他的朋友陪他去警察总署那里告发这桩罪行。但苏里公爵不想得罪这个最有权势的家族，拒绝了伏尔泰的要求，只安慰了几句。伏尔泰转而求助于其他贵族朋友，均未得到回复。他试图上诉法庭，但审判的车轮不会因他控告一名显贵而转动。受到欺辱而控告无门，这时伏尔泰才知道，他的平民身份永远不能与贵族平等，他在贵族眼里不过是一个受雇于人的演艺者罢了。

他复仇心切，悄悄结交了一些下层社会人士，并且跟着一个武术教师学习击剑，准备与罗昂决斗。罗昂虽然是官衔很高的军人，但他害怕对手的剑法像他的嘴一样灵巧，不敢与伏尔泰决斗，于是向国王打伏尔泰的小报告，举报伏尔泰叛逆的言论和危害治安的行为，建议把伏尔泰投入监狱。1726 年 3 月 28 日，国王签署命令把伏尔泰第二次关进了巴士底狱。这次，他只在监狱吃了几天的免费食物。他意识到自己无力对抗强大的敌人，只得向国务大臣申请被驱逐出法国，流亡英国。5 月初，他被押送到加来，几天后渡过加来海峡到达英格兰。这年夏天，他曾悄悄返回巴黎找罗昂报仇，但没有成功。

罗昂事件是伏尔泰人生旅程的一个重要转折点，这件事既是伏尔泰一生中蒙受的最大耻辱，但也是最大的恩惠。因为他被迫流亡到英国后，英国的自然神论、唯物主义经验论、自由平等的政治思想、先进的资产阶级政治制度以及牛顿的科学理论，使他的思想发生了剧变。这时的伏尔泰才体会到什么叫社会的疯狂和偏狭、政治的昏暗和等级的可恶。

选择情人而不是妻子

伏尔泰一生不曾结婚，但身边从没有离开过情人。从 19 岁第一次"海牙之恋"开始，他身边的情人就接连不断。虽然他常常遭到迫害，但他的才华、他的财富，吸引了不少贵妇人。伏尔泰一直沉醉于情妇们的乐趣之中，这在哲学家的队伍里是很少见的。然而，伏尔泰不仅仅是哲学家，他也是历史学家、社会活动家，他百科全书式的学识、轰轰烈烈的社会活动使他选择情人而不是妻子，当时的社会风尚也是如此。在众多情人中，对伏尔泰帮助最大、影响最大的是夏特莱侯爵夫人，他们的关系也最长久。侯爵夫人在出嫁前叫爱米莉，是个有名的才女，据说她的拉丁文说得像西塞罗一样流利，数学演算可与欧几里得相媲美。她既风流自赏，又有哲学家的气质，酷爱打扮，喜欢唱歌和跳舞，在男女交往上同当时的法国女子一样随便。

爱米莉在婚前就见过伏尔泰，当时他还只是一个稍有名气的年轻人，两人曾有不多的书信往来。后来她对享有盛名的伏尔泰爱慕之至，央求一位朋友带她来见伏尔泰。当她们来到伏尔泰的住所时，她大胆而从容地投入伏尔泰的怀抱，搂住他的脖子，热烈地吻着他。第二天，伏尔泰就给她写了情书。他之所以这么做，不仅仅是肉体和情欲的需要，更重要的是思想和精神上的需求。他自英国回来，深受牛顿科学发现和洛克哲学原理的影响，一天到晚嘴里挂着这两个人的名字。可是当时的巴黎很少有人能和他讨论这些问题，只有爱米莉是个例外，她不仅具有出色的科学头脑，理解他所谈论的一切，而且相信他的观点。伏尔泰对自己能有这样一位既有较高社会地位，又有科学头脑和进步思想的情妇也非常满意。

一件意外的事件促使伏尔泰更快地投入到了爱米莉的怀抱。他的《哲学通信》出版后，被巴黎高等法院列为禁书，他作为该书的作者，在巴黎无处藏身，于是投奔爱米莉。爱米莉的丈夫夏特莱侯爵在法国东北部香槟省西雷镇的布莱滋河畔有一处宅邸，伏尔泰很喜欢这个地方，它距比利时边境很近，一有风吹草动，逃到国外也很方便。夏特莱侯爵豁达大度，对妻子移情别恋毫不介意，同意把西雷别墅供伏尔泰和爱米莉使用。当时法国的风俗准许一个已婚的女子在家里添一个情人，于是，当侯爵夫人不仅选了一个情人，而且选择了一个天才之后，全法国都原谅了她。

伏尔泰和爱米莉像夫妻一样生活在一起，白天他们分别在自己的房间，一个赋诗，一个演算几何；一个潜心自己的写作，一个专心致志地做实验。大厅里堆放着数学、物理、化学、天文学等方面的书籍和仪器。晚饭后，他们一起喝咖啡，然后各自工作，直到深夜才在一起。夏特莱侯爵非但不憎恨伏尔泰，反而对这位杰出作家非常尊敬，视为好友。有时他也从部队回到西雷，看望妻子和他的情人，从不干扰他们的事情。

猜谜

伏尔泰说话很幽默，他也常常用一些奇特的方法来给人的思想以启示。猜谜就是他常用的一种思想教育的方法。

有一次，他给一群青年人出了一道谜语：

"世界上有什么东西是最长，又是最短的；它是最快，又是最慢的；它是最能分割，又是最广大的；它是最不受人们重视的，可是又是使人不断惋惜的？没有它，人类一切都不成，它使一切渺小的东西归于消灭，使一切伟大的东西永远存在。"

"这不是自相矛盾吗？"这群年轻人觉得伏尔泰的谜语有点儿奇怪，一时间议论纷纷。

"也许是水吧？"一个青年说，"水可以说是最长，也可以说是最短的。因为一滴水显然是短的，可如果是一条河流，它显然是长的。水可以流得很快，也可以流得很慢，甚至完全可以静止不动。水可以分割成一杯一杯的，也可以像海洋那样广大。人们认为水最不值钱，所以它是最不受人们重视的，可是如果水白白浪费掉，不也是非常可惜的吗？没有水，人类的一切当然都做不成。"

"对，肯定是水了！"大家高兴地说。

"可是，水怎么使一切渺小的东西归于消灭，使一切伟大的东西永远存在呢？"伏尔泰笑着问。

"这个……"这群年轻人再次陷入了迷茫，他们又想了一些答案，但怎么也不能紧扣伏尔泰的谜面。"还是您来说吧，我们怎么也想不出来。"

"好吧，我来告诉你们吧，答案是'时间'。"伏尔泰笑着说。

"这是为什么啊？"

"时间最长，因为它永无止境；时间最短，因为所有人的人生计划都来不及完成。对于尽兴作乐的人来说，时间最快；对于正在等待的人来说，时间最慢。时间可以无尽地分割，又可以无限地扩展，所以它同时也是最广大的。'当时'谁也不会重视，可是'过后'谁都会为自己浪费时间而惋惜。没有时间，人类当然什么事情都做不成。不值得后世纪念的一切渺小的东西，必然随着时间的流逝而归于消灭；可一切伟大的东西，却可以永垂不朽，即使随时间流逝，仍然保持着它的青春活力。"伏尔泰逐条逐句地向青年人分析着时间的特性。

最后，伏尔泰语重心长地说："时间对于我们每个人来说是如此重要，因此我们每个人都要珍惜它。"

用生命来捍卫你说话的权利

伏尔泰是一个很有耐心的人，在和别人谈话的时候，一般不会轻易打断别人的话，即使讲话的是一个非常唠叨的人，他也从不表现出厌烦的情绪。有一次，有个人向他论证"咖啡是慢性毒药"的问题。可是那个人一说起来就没完，足足讲了一个小时。伏尔泰虽然还有很多工作，但还是非常耐心地听完了他的话。

那个人看到伏尔泰那么专心地听他讲话，以为伏尔泰已经同意了他的观点，因此非常高兴地向他道谢。

可伏尔泰却说："我并不赞同你刚才所说的话，我就经常喝咖啡，而且一天要喝 50 多杯，至今已经喝了足足 65 年。我的身体依然很健康，并没有死。而且我也特别喜欢在咖啡屋发表演讲，我的第一次演讲就是在圣日尔曼德培的普罗科普咖啡屋里进行的。因此，从某种程度上说，我的存在本身就是对你论点最有力的反驳。我不同意你说的每一个字，但我会用生命来捍卫你说话的权利。"

后来伏尔泰在写作《论宽容》一文时，把它改为这样的一句名言："为你们自己着想，同时也应该让其他人享有和你们同等的权利。"

philosopher

卢梭：浪漫主义先驱

　　卢梭（1712—1778），法国启蒙思想家、哲学家、社会学家和文学家。卢梭一生可以用三个词形容。第一个是"颠沛流离"。12岁时失学当学徒，学过不少手艺，但他对哪个行业都不感兴趣。16岁时就开始在瑞士和法国各地漂泊，当过仆人、流浪汉、家庭教师、法国驻威尼斯大使的秘书。第二个是"成就非凡"。1750年，卢梭应征第戎学院悬赏的"关于艺术和科学是否给予了人类恩泽"问题，得到了最佳作品奖，从此在学术界一举成名。后来相继出版了《论人类不平等的起源》《爱弥儿》和《社会契约论》等一系列著作。第三个是"影响深远"。卢梭认为"人是生而自由的，但却无处不在枷锁之中"，他的影响力十分深远。罗曼·罗兰评价说："卢梭彻底改革了那个世纪和以后世纪的社会。"

性情中人的浪漫生活

　　1712 年 6 月 28 日，卢梭出生在日内瓦一个钟表匠家庭，他的出生是以其母亲的去世为代价的，以至于每次和父亲提起母亲，父子两人都要大哭一场。在他 10 岁那年，父亲因为打伤贵族而不得不远走他乡，他被托付给姨妈伯纳德照管，姨妈送他到一位雕刻家那里学艺。16 岁的时候，卢梭毫无预兆地离开了日内瓦，这是一次偶然的决定。他曾经两次因为贪玩被关在城门外面，师傅警告他说如果这种事再发生一次，将对他严惩不贷。所以当他又一次被关在城门外时，他就决定远走高飞了。

　　在卢梭的经历中总能找到一些有趣的故事。在马布里先生家当家庭教师期间，他偷了几瓶葡萄酒，但他没有用来下酒的面包片。若是让男仆去买面包的话会暴露他的偷窃行为，而作为一名绅士又不能亲自买面包。这时，他想起"一位伟大公主"曾向没有面包的农夫建议："让他们去吃蛋糕吧！"于是就把这句话套在自己身上，亲自去糕点铺买了一个蛋糕，回到住处一边读书，一边品味着葡萄酒，其乐无穷。

　　1762 年，卢梭受到迫害，辗转逃到英国，受到休谟的热情接待。可是不久，他竟然怀疑休谟也参与了迫害他的阴谋，断绝了与休谟的友谊，并且逃回了法国。人们怀疑他已经患上了严重的被害妄想症。休谟曾经这样描述过卢梭："他太敏感了，经不起一点点的伤害，我简直没有办法说明。他就像一个不仅衣服被扒光，连皮都被扒光的人，任何粗暴的或不小心的举动都会让他跳起来。"

卢梭死后被葬在了一个非常浪漫的湖中小岛——圣皮埃尔岛（字面意思是杨树），这个岛因为长满杨树而得名。卢梭死后的声誉远远超过他活着的时候，因而卢梭之墓很快成为人们前来朝拜的圣地。卢梭生前一直蔑视的王公贵族很多都从巴黎来到这里向他表示尊敬，其中就包括玛丽·安托尼特王后。当然，她不是来纪念鼓吹革命和宣扬平等的预言家，而是来纪念多愁善感、才华横溢的作家。有个年轻的崇拜者甚至来岛上自杀，希望被埋在偶像的旁边。19世纪最著名的浪漫主义诗人拜伦曾写诗赞美卢梭：

> 他的爱是激情的本质——就像树，
> 由于闪电的袭击燃烧出熊熊的火焰。
> 他激情迸发，因为在他看来，
> 这就是爱。
> 在他身上洋溢着丰富的思想，
> 就像他激情的文字一样。

卢梭和女人的纠结

离开圣灵收容所后，卢梭到一个叫维尔塞里斯的贵妇人家做仆人。夫人死了以后，他和其他家奴一样只被支付了30利弗尔。

有一天他漫不经心地在屋子里走，突然看见一条银白色和玫瑰色相间的丝带，一看就知道是管家侄女的。也许是由于未多加考虑，或者是由于他想从屋子里拿走一点东西以弥补他的不平，他便顺手牵羊，拿走了那条丝带。丝带本是一件不值钱的小玩意，没想到人们却到处寻找，最后在他的身上找到了。他吓得手足无措，结结巴巴说不出话。然后他便诬陷是女仆玛丽恩送给他的，这个女仆坚决否认，并恳请卢梭良心发现主动坦白，可是一点儿作用都没有，他坚决指控是她干的。困惑的主人最后把他们两人都辞退了。这件事像一块烧红的烙铁一样烫着卢梭的心，他一直把这件事藏在心里，没有对任何人说过。直到后来在《忏悔录》中才承认自己的罪行，他声称"没有什么比我在艰难的时候指控一个可怜的女孩子更可恶的了"。但是他也给了自己一个理由，他说他诬陷那个可怜的女孩，是因为他喜欢她："我把我干的事情说成是她干的，本来是想把丝带偷来送给她，却反过来说是她偷来送给我。"

卢梭离开日内瓦后，被一位天主教神父介绍给华伦夫人，这个 29 岁的贵妇人给了他庇护和关爱，安排他去修道院接受教育，还为他谋职。卢梭自称，在华伦夫人那里度过了一生中最快乐的时光。卢梭称华伦夫人为妈妈，21 岁时上了她的床，此后十分满足地与这个丰满的妈妈生活在一起，在不为夫人服务的时候，他就劲头十足地读书，进一步开发自己的音乐才华。卢梭甚至愿意和华伦夫人的老情人阿勒分享爱情，他们三人的关系维持了很长时间，后来随着阿勒的死亡而结束。卢梭失去了他最可靠的朋友，心里也感到极其悲伤，不过他还是心安理得地穿上了阿勒生前穿的那件黑色上衣，一个人享受华伦夫人的宠爱。她确实把他宠坏了，给他买新衣服，买好玩的东西，买表，买银柄佩剑，让他去学跳舞和击剑。但他还是沉浸在一种忧郁的情绪中，他说："人们常说，宝剑终归要把剑鞘磨坏的。我的情况正是如此，我的情欲使我活，然而我的情欲也终将置我于死地。"他渴望爱情，但现在他还没有可心的对象，对他来说，妈妈毕竟是妈妈，满足不了他的情欲。"我虽然有了一个温柔的妈妈，一个亲爱的女友，但我需要的乃是一个情人。我想象有一个女人来代替她，我用千百种方法创造这么一个情人来自己欺骗自己。当我抱着她的时候，一想到怀中抱的是我的妈妈，便不得不产生拘谨之心，欢愉之情锐减。尽管我为我得到了温柔而激动地哭泣，但我并没有享受到温柔乡的快乐。"然而，他和华伦夫人的关系并没有天长地久。1741 年，华伦夫人另结新欢，寻找理由将卢梭支到外地，他在她身边的位置也在他外出期间被人侵占。30 岁的卢梭最终决定到巴黎去闯天下，这段长长的浪漫插曲结束了。

　　1745 年，卢梭在巴黎遇见塞斯·勒瓦瑟尔，此后两人关系尽管时好时坏，但总算长久。塞斯当时只有 18 岁，在旅店、洗衣店干活，长相很一般，从遗留的画像上来看可以说是丑陋无比，而且不识字，看不懂钟表上的时间，举止粗俗，愚蠢透顶。不过她在敲诈卢梭的时候绝对不傻，只要卢梭身上有钱她就能哄到手。那是因为她母亲在一旁教唆，虽然她母亲和塞斯一样讨厌，但显然比女儿聪明些。她究竟有什么魅力把卢梭迷住呢？也许正是因为她没有任何魅力的事实激发了卢梭受虐狂的特性。虽然没有证据显示她虐待卢梭，但是她的卑微却减轻了卢梭根深蒂固的自卑感。不管在外面发生什么，他总能在她面前显示出优越感。

他的客人们也都觉得他总是把她当作女仆，一个被当众取笑的女仆。1767年，他们终于结婚了，不过婚礼由卢梭自己主持，简直就是一场闹剧，因为在法国新教徒和天主教徒之间是不允许结婚的。他在宴会上高谈阔论，说客人们能结识他是多么幸运，然后就失声痛哭。可怜的塞斯，只准备了几分钟的婚礼就让她相信他们真的结婚了。他们一连生了五个孩子，卢梭都坚持抛弃不养。在后来的一封信中他承认"生下五个孩子，都被送到弃婴堂，后来也根本没想到要认领，我甚至没有保存他们的出生日期证明"。卢梭的行为遭到了人们的非议，伏尔泰指责他抛弃自己的五个孩子是在犯罪，因为把他们送到弃婴堂等于把他们丢进死亡的坑道。卢梭为自己的行为辩解说，他不能给予他们应该享受的父爱，送到别的地方去可能更好。但他拒绝有钱的崇拜者帮助他抚养孩子，他以真正偏执狂的语调说："我敢肯定他们长大后会成为憎恨父母，甚至背叛父母的人。"

什么是幸福

有个年轻人因为找不到幸福感到非常苦恼，他知道卢梭是一个非常有学问的人，于是他决定向卢梭请教如何才能获得幸福。

"请问，幸福到底是什么？"这个年轻人问卢梭。

"幸福是一种持久运动着的状态，它永远不会固定在某一个地方。从自然界来看，不也是沧海桑田、瞬息万变吗？所以在大千世界中，不存在永恒的事物，我们的周围，每时每刻都在发生着变化，我们自己也在不断发生着变化。"卢梭回答说。

"那么你的意思是幸福是变化不定的？"这个年轻人反问卢梭。

"难道你能够断定你今天喜欢的东西，到了明天你仍然喜欢它吗？"卢梭反问。

"那倒不一定，有些东西我喜欢的时间长一些，而有些东西我喜欢的时间就会短一些。"这个年轻人根据自己的经验回答卢梭。

"可是你却会一直追求你喜欢的东西，是吗？"卢梭问。

"是的，只要看到我喜欢的东西，我都会想方设法占有它。"这个年轻人坦率地回答。

"所以，幸福也是一种无止境的追求。除非你想入非非，认为自己已经达到了幸福的极致。生活需要的是一种知足者常乐的明智心态。因此，每个人都要善于从各种事物中得到一种心理上的满足，并且应该好好享受这种满足所带来的，哪怕是片刻的乐趣。但是你不要指望这片刻的乐趣永远驻在你的心间，因为这同样是不可能的。"

"但是短暂的幸福有什么追求的必要呢？"这个年轻人很不理解地问卢梭。

"真正的幸福的确是难得一见的，或许世界上根本没有获得真正幸福的人，可是能够感到'知足者常乐'的人却是随处可见。"卢梭把幸福和知足者的快乐这两个概念严格地加以区分。

"那么，你感受到过幸福吗？"年轻人想知道卢梭是如何感受幸福的。

"在我的所见所闻中，给我印象最深，也使我感到最愉快的，莫过于看到人们那种自然流露出来的满足之情了。这种感情是如此强烈地打动着我的心，就仿佛是我自己心灵驱使的必然结果。"

卢梭仿佛沉浸在他原来感受到的幸福之中了。

"那么幸福和满足有没有区别呢？"

"幸福不同于满足，幸福是没有什么标签的。你要知道什么是幸福，首先就必须使自己进入到幸福者的内心世界。而满足则能够在人们的举手投足、顾盼谈笑中表现出来，它可以溢于言表，让人深受感染，并不由自主地投入其中。"卢梭简要地回答了幸福和满足之间的区别。

"那么幸福到底是什么呢？"年轻人还是很迷惑。

"当你看到周围的人们满怀着愉悦的心情，纵情高歌，开怀大笑，把现实生活中所有的阴郁和不快都抛弃在脑后，带着一脸的喜悦之情的时候，你就会感受到生活是多么美好甜蜜。"卢梭又重复了一遍他对幸福的理解和感受。

"真是不可思议，幸福难道只是'看'别人高兴吗？难道说，别人的幸福就是你的幸福，别人高兴你才高兴吗？"年轻人还是没有理解幸福。

"年轻人，你还是自己回去好好想想吧。"卢梭再也没有做出令这位年轻人满意的答复。

philosopher

康德：没有生活、没有历史的哲学家

　　康德（1724—1804），德国古典哲学创始人，出生于一个手工业家庭，一生从未离开过他的出生地。大学毕业后成为一名家庭教师，后返回学校任教。在大学里他似乎什么课都能教，他讲授过形而上学、逻辑学、数学、力学、物理学、人类学、自然通史等课程。在康德看来，再没有任何事情会比人的行为要符合他人意志更可怕了。他的生活完全是一种学院式的刻板的生活，一生极其平稳，犹如一潭死水。海涅在评论康德的生活时说："康德的生活史是难以叙述的，因为他既没有生活，又没有历史。"

多情女子都爱哲学家

康德一生都没有结婚，但他并不仇视女人，相反，他对女性的态度总是献媚的。用他自己的话来说就是："当我需要女人的时候，我却无力供养她，而当我能够供养她的时候，她已经不能使我感到对她的需要了。"

康德的初恋是一位有夫之妇。当时他在凯瑟林伯爵家里做家庭教师，伯爵夫人年轻貌美，非常爱好哲学，为康德渊博而深邃的知识和见解所折服，康德也很倾慕伯爵夫人的美貌和多才多艺，和她很谈得来。虽然这种爱情是不会有结果的，但他们之间的美好情谊保持了20多年，而且康德在一些著作中也经常提到她。今天我们看到的康德最早的一张画像，就出自这位夫人之手。

康德在大学任教后，有一次在沿着普里高丽河散步时，邂逅了一位年轻的姑娘。她身材娇小而丰满，淡褐色的头发，白皙的皮肤，流动的眼神，步态轻盈却不失端庄，举止温雅却又大方，透露出一种闲适而高雅的气质，当时正陪着一位贵夫人在那里闲游。康德为她优雅的气质所打动，就主动走过去和她们攀谈。从言谈中得知这位姑娘来自外地，有着良好的家庭教养，而姑娘也知道了他就是大名鼎鼎的哲学家康德，并为他的绅士风度所吸引。两人一见钟情。随着交往的频繁，两人关系越来越密切，康德第一次萌发了娶妻成家的念头。但细细盘算一下自己的收入，康德犹豫了，他还没有能力供养家庭。因为女方一直等不到康德的求婚，最后不得不回自己的故乡去了。康德第一次成家的愿望也破灭了。

后来，他又两次萌发了结婚的念头。他曾在朋友家里邂逅了一位年轻美貌而温顺的寡妇，朋友有意撮合他们，康德没有表示反对，心里却有些犹豫不决。结果另一个人捷足先登，与那位寡妇结婚了。还有一位名叫路易斯·列维卡·弗里茨的女人在老年时回忆说，康德曾经爱过她，可是她却嫁给了一个税务官巴拉特。

几次不成功的恋爱并没有使康德沮丧，他很乐观，并且时常宣传独身的好处。在他年富力强的时候，他也为僧侣式的禁欲生活感到苦恼，他说过，男人没有女人便不能享有生活的乐趣，女人没有男人则不能满足自己的需要。但是，到了晚年，他反而为自己的独身感到庆幸，因为他将毕生的精力倾注于哲学研究上。

如太阳般精准的生活

康德严格按照道德准则安排自己的生活和思想，每天的生活起居都非常有规律，读书、散步、写作、上课、起床、喝咖啡等活动，都有一定的时间。他房间里的刀剪都是朝一个固定方向，椅子总是放在同样的位置。乘车外出散心时，如果超过了原定时间，他就会突然紧张起来，直到下车回到家才能平静。康德最怕噪音干扰，当邻居家一只公鸡不断啼鸣使他无法忍受时，他就想干脆从邻居手里买下那只鸡。邻居拒绝了他的要求，之后康德换了住房，搬到监狱附近。

康德对于散步这种保健活动是十分重视的，他说："器官得不到锻炼，同器官过度紧张一样，都是极其有害的。"因此，不论是炎热的夏季还是寒冷的冬季、刮风还是下雨，他都准时出门散步。每当柯尼斯堡的人们看到康德到外面来散步，那准是下午3点半钟。一年四季，365天，这位生活作风十分严谨的哲学家，每天都恪守着一个刻板的生活作息时间表。而城市那些小商小贩，只要看到林荫道上出现了康德那熟悉的灰色身影时，都会不约而同地立刻对时或是校对自己的手表。

康德晚年对咖啡情有独钟，特别地依恋。康德煮咖啡的时间是非常确定的，以至于他的邻居不用买表，只要看到康德在家里煮咖啡就知道现在是几点了。

然而，曾经有三天，柯尼斯堡城里所有人的时间表都被搞乱了，原因是康德这几天的生活显然是毫无规律的，不但没有在林荫道上出现，而且也没有在厨房煮咖啡。

"是不是教授生病了？"人们相互关切地询问着。

可是三天之后，柯尼斯堡的人们所熟悉的"活时钟"又开始走动了，人们又像以前一样把康德每天的生活节奏作为时间最准确的参考。

人们问康德："教授，那几天您身体是不是不舒服啊？"

"不是，即使我身体不舒服，我也不会放弃每天的散步。因为那几天我正在看一本法国人卢梭写的名叫《爱弥儿》的书，这本书我一气读了好几遍。作者的笔调实在是太优美了，以至于使我忘记了散步的时间。过去我读休谟对因果概念的批判时，虽然感到一种震惊，把我从独断的睡梦中唤醒过来，但是却没有像这次这样痴迷。"

关于"二律背反"的打油诗

1781 年，康德的《纯粹理性批判》出版了，在该书中，康德提出了四个著名的"二律背反"的哲学原则。

第一个"二律背反"哲学原则是：

正题：世界在时间上有一个起点；就空间来说，也是有限的。

反题：世界在时间上没有一个起点；就空间来说，没有界限。从时间和空间这两个方面来说，它们都是无限的。

第二个"二律背反"的哲学原则是：

正题：每一个复合实体都是由单纯的部分构成的。

反题：每一个复合实体都不是由单纯的部分构成的。

第三个"二律背反"的哲学原则是：

正题：世界上各种事物的因果关系都依照自然律。

反题：世界上各种事物的因果关系有一类依照自然律，另外一类依照自由律。

第四个"二律背反"的哲学原则是：

正题：有一个绝对的必然存在。

反题：没有一个绝对的必然存在。

康德在课堂上讲他的"二律背反"时，把许多学生都搞糊涂了，他们在课后编了一首打油诗来讽刺他们的哲学教授。

我们的康德教授，

学问真是不浅，

他能把明白讲得糊涂，

也能使你无所适从。

时间既有起点，

怎么又变为没有起点？

空间既然有限，

怎么又会没有界限？

既然称为复合的实体，

当然应该由单纯的部分构成，

怎么又会不是由单纯的部分构成？

世界上各种事物，

应该有它的必然规律，

那就是依照自然律的因果关系，

怎么突然又跑出了另外的一类关系？

这难道就是完全无政府主义的自由？

我们既然承认有一个绝对的上帝存在，

怎么能够出尔反尔，

又轻易地取消上帝对人类的呵护？

呜呼！人不能两次涉入同一条河流之中，

在这个二律背反中，

我们究竟应该何去何从？

可是在我们博学的教授眼中，

对此也显露出无奈的眼神。

因为他摊开了双手对我们说：

"我其实什么也不知道！"

　　康德看了这首讽刺他的打油诗后，不无感叹地说："我们的这个世界本来就是这样矛盾的呀！"

黑格尔：黄昏的猫头鹰

黑格尔（1770—1831），著名的哲学家，德国古典唯心主义哲学体系的集大成者，也代表了德国古典哲学达到的顶峰。黑格尔出生于德国斯图亚特城一个高级官员的家庭，在图宾根神学院学习，对哲学神秘主义表现出极大的兴趣。黑格尔一生著述颇丰，《精神现象学》《逻辑学》《法哲学原理》《哲学史讲演录》等都产生了深远的影响。他建立起了令人叹为观止的客观唯心主义体系，主要讲述绝对精神自我发展的三个阶段：逻辑学、自然哲学、精神哲学。恩格斯评价说：黑格尔第一个正确地叙述了自由和必然之间的关系。

哲学的国王

黑格尔 18 岁到图宾根神学院主修哲学和古典文献，两年后获得哲学学士学位。在大学里他结交了两个朋友：与席勒和歌德比肩的诗人荷尔德林、名扬天下的哲学家谢林。

图宾根神学院是培养未来教师和牧师的一座古老学府，有强烈的修道院色彩，不但要求学生们一律穿黑色袍服，而且要求学生每天早起就自修，连散步都有规定的时间和专门的规则约束。图宾根神学院也有体育活动——击剑和骑马，这是当时进入上流社会所必须具有的技能，但黑格尔不太参加这些活动。一些同学对黑格尔埋头苦读颇有看法，就私下里画了漫画嘲笑他，画中的黑格尔是一个驼背拄着拐杖的小老头。于是，黑格尔"小老头"的外号就叫开了。

大学毕业时，老师们给黑格尔的评语是：对神学朝三暮四，对哲学全力以赴；擅长神学和语言，哲学才能却有限。若干年后，如果他的老师们还在世，不知道他们会做何感想。大学毕业后，黑格尔没有做牧师，而是和康德一样做了家庭教师。当他分到了遗产，不必再为生计奔波时，便给谢林写信问："什么地方既有好书看，又有好酒喝？"当时谢林已经是耶拿大学的教授了，他立刻回复："到耶拿来吧！"于是黑格尔就到了耶拿大学当编外讲师。他的忘我状态常常成为人们谈论的焦点。有一次，黑格尔被安排在 3 点钟上课，但他记错了时间，2 点钟就进了教室。教室里坐满了另一个班的学生，黑格尔并没有留意，走上讲台开始讲课。当这个班的任课教授走到门口，听见黑格尔的声音，还以为自己迟到了一小时，不得不歉疚地离开。

1816 年，黑格尔到海德堡大学任教授，很快出版了《哲学全书纲要》，他的名声传到了教育大臣耳朵里。1818 年，他被邀请到柏林大学主持哲学讲座，这个位子已经空缺了四年。至此，黑格尔成为无可争议的德国哲学界之王，到处都是虔诚的弟子和追随者，学生人数成倍增长。1829 年，他成为校长。第二年，国王腓特烈三世授予他勋章。有人大发感慨："哲学从来没有吹过如此高亢的调子……"不幸的是，1831 年，如日中天的黑格尔染上霍乱病逝，临终时遗言说："只有一个人理解了我，但他还没有理解我。"

家务与我无关

"家里着火了！家里着火了！"仆人一边大声喊叫，一边闯入黑格尔的书房。黑格尔此时正在书房里思考问题，仆人的大呼小叫打断了他的思考，因此，他不耐烦地对仆人说："难道你忘了我从来不过问家务事吗？家里的事你应该去告诉太太才是！"说完又埋头于他的哲学思考之中。

黑格尔的比喻

哲学是庙里的神

"庙"之所以是庙，是因为庙里有被人供奉的神。如果庙里无神，那就不能称其为"庙"了。黑格尔说，一个有文化的民族，如果没有哲学，就像一座庙，其他方面都装饰得富丽堂皇，却没有至圣的神那样。哲学像普照大地的阳光一样，照亮了人类的生活。如果失去哲学，人类的生活就会变得黯然失色。

哲学是厮杀的战场

从哲学史的角度看，哲学家们总是相互讨伐，后来的哲学家总是对前面的哲学家的理论进行颠覆，并在批判中提出自己的新理论，哲学就是在批判中前进的。所以，"全部的哲学史就这样成了一个战场，堆满死人的骨骼。它是一个死人的王国，这王国不仅充满了肉体死亡的个人，而且充满了已推翻了的、精神上死亡了的体系。在这里面，每一个杀死了另一个，并且埋葬了另一个"。

哲学是密涅瓦的猫头鹰

密涅瓦是希腊神话中智慧女神雅典娜的另一个名字，栖落在她身边的猫头鹰是智慧、思想和理性的象征。在黑格尔看来，哲学就像密涅瓦的猫头鹰一样，它不是在旭日东升的时候在蓝天里翱翔，而是在薄暮降临时悄然起飞。哲学是对既往思想的反思，因此它总是来得很晚，并且哲学是深沉的，它自甘寂寞，悄然逼近智慧深处。

哲学是老人的格言

黑格尔认为，同一句格言，从一个饱经风霜的老人嘴里说出来，与从一个不谙世事的孩子嘴里说出来，含义完全不一样。"老人讲的那些宗教真理，虽然小孩子也会讲，可是对于老人来说，这些宗教真理包含了他全部生活的意义。即使小孩子也懂宗教的内容，可是对他来说，在这个宗教真理之外，还存在着全部生活和整个世界。"哲学不是现成的知识，不是僵死的概念，不是刻板的教条。学习哲学不能短训，不能突击，不能速成。学习哲学是一个熏陶的过程，是需要不断反刍的终身事业。

学哲学不能像动物听音乐

哲学不是现成的知识，记住几个哲学概念，然后机械地套用，貌似很"哲学"，实际上始终不知道哲学为何物，永远不可能走进哲学的殿堂。"就像某些动物，它们听见了音乐中一切的音调，但这些音调的一致性与和谐性，却没有透过它们的脑袋。"不幸的是，当今社会上很多人对哲学的理解和运用，正是黑格尔挖苦的对象，不过是鹦鹉学舌，或者是小和尚念经——有口无心。

philosopher

叔本华：世界是我的表象

叔本华（1788—1860），出生于普鲁士的但泽（今波兰格但斯克），父亲是商人，这为叔本华后来无忧无虑的哲学思考提供了物质基础。他的《作为意志和表象的世界》为后来的非理性主义奠定了基础。同时，他的悲观主义、形而上学、美学等影响了后世的弗洛伊德、尼采等人。

与黑格尔同时开课的失败者

1820 年，叔本华决定在德国柏林大学开课，作为编外讲师，他必须吸引到足够的学生来保证他课程的延续并收到足够的薪水。他选择了与黑格尔在同一时间开课，他的讲堂就设在黑格尔的对面，下决心挑战黑格尔，那时他已经完成了他最重要的著作——《作为意志和表象的世界》。虽然那本书在出版之后卖出了不到 100 本，但作为生活意志的提倡人，叔本华坚持自己的意志。

当时的德国哲学界，黑格尔作为古典哲学的集大成者，拥有至高无上的声望。他的学说在德国被奉为无可动摇的理论，他在柏林大学开的课是最热门、最抢手的课，所有的人都以听到黑格尔讲课为荣。因此叔本华做了一个很悲剧的决定。

当时的叔本华默默无闻，他的学说甚至还遭受了他母亲的嘲笑，认为他写的都是废纸。

当然叔本华也不是没有做过准备，他精心地写了很多宣传单，宣传单上是他的哲学思想，上面写着：

"意志是世界的内在蕴含和根本的方面，意志就是冲动、本能、奋进和渴望。意志是初始的、先在的、自因的，意志没有终止的界限，没有最后的目的，意志就是无穷无尽的要求。

"世界是人的表象，世界是人的意志，世界和人是相互依存的，宇宙和我合而为一。

"人生是作为求生意志的一种肯定，因为人有自我意识，求生意志赋予人依靠自己的力量维持自己生命的使命，所以人类是求生意志最完善的客体化，是一切生物中需求最多的生物。

"意志在追求目的时受到的阻碍就是人生的痛苦和缺陷，而意志能够达到目的的状况，就是幸福或满足，因为人的追求是没有止境的，所以人生的痛苦是经常的，而幸福却是短暂的，人生的痛苦和缺陷才是人的本质。

"每个人都要为自己的生存而斗争，自私自利普遍是人们行为的标准。人类社会就是人与人相互竞争，彼此吞食，以使自己能苟延残喘的场所。憎恨、暴力、仇恨和罪恶充斥和横行于这个世界，个体的生存时时刻刻受到攻击和威胁，时时刻刻面临毁灭的危险，所以历史就是永无休止的一连串的谋杀、劫夺、阴谋和欺骗。

"性的关系是人的世界的世袭君主，是生存意志的核心，是一切欲望的焦点，因为性爱使人类绵延永续。

"性爱揭开了另一个人生的序幕，恋爱是求生意志的表现，是人生解脱的叛徒。

"死亡是对个体生命现象的否定，但它并不是对生命意志本身的否定。

"自杀并不导致生命意志的否定，相反，自杀是强烈地肯定生命意志的一种现象。"

……

叔本华写的宣传单不可谓不深奥，他的哲学素养不可谓不高，他的哲学理论不可谓不精辟，但是他对意志的过分强调和他选择了与黑格尔同时的开课时间，使得他难以扭转当时的大势。

于是在他的第一堂课上，他就只看到了四五个学生，这让叔本华大为灰心。但课还是要继续的。

叔本华开始讲授他的思想。他的思想承袭于康德，中心是两个："现象"和"物自体"，这两者组成了世界。现象是表象，物自体是意志。到这里还是基本可以明白的，那些学生也还坐得住，但是接下来，叔本华的学说将让他们大吃一惊。

叔本华说："意志是这个世界的自因。它敌视所有的客观物质世界，本身是一种盲目的、不可遏制的冲动，它以无意识地求生存作为基本特点。人的意志在日常现实中是无法体现的，因此人生充满了痛苦，幸福是暂时的，唯有痛苦是永恒的。因为人们的生活意志，所以人们的欲求是无限的，当达到一个欲求之后，你会有短暂的满足和幸福感，但随即你就将陷入更大的痛苦和欲求当中。因为欲求的永无止境，所以人们永远不可能满足他们自身的要求，这样，得不到的痛苦、不能满足的痛苦就将贯穿人的一生。"叔本华语惊四座，那四五个学生两股战战，但是叔本华置之不理，继续他当时反人类本质的学说。

"因此人类唯一的解决之道就是断绝'我执'，否定生活意志，达到涅槃，才能进入无我之境，得到解脱。禁欲是不可能的，因为欲望是如此强大，以致再坚强的人都只能免除自我的痛苦，而对整个世界无所帮助。要想免除根源的痛苦，就要彻底断绝生命之源。"

"那么人类就灭绝了。"有位学生忍不住惊呼。

"那才是最根本的脱离痛苦之道。"叔本华语出惊人，那四五个学生终于承受不住，离开了课堂，落荒而逃。叔本华自嘲说："原来我的哲学竟然是魔鬼。"

此后几个学期，叔本华开办的讲座无人问津，就算是他在时隔六年之后重新回到柏林大学开课，仍然没有人愿意选他的课。现实的挫折深深打击了叔本华，于是叔本华在苦闷之余选择了去法兰克福隐居，开创了悲观主义哲学。

法兰克福的隐居

与黑格尔的争斗让叔本华心灰意冷，他避居法兰克福，开始了他单调的生活。他严格遵循着一定的规律，穿着旧式的燕尾服，脖子上仔细地打着个白色的领结，在规定的时间到最近的饭馆用餐，长时间地散步，一路上自言自语。有一只白色的狮子狗"阿特曼"（意为"世界之魂"）陪伴着他，因此邻居们都把它叫作小叔本华，而叔本华也反过来这样责骂自己的狗："嗨，你这个人。"

叔本华曾说："人在一生当中的前40年，写的是文本，在往后的30年，则不断地在文本中添加注释。"

叔本华的注释比他的文本写得好得多。在他的后30年，因为黑格尔哲学的没落，叔本华成了著名的哲学家。世界各地的仰慕者纷纷向他致以最高的敬意。音乐家瓦格纳在1854年把歌剧

《尼伯龙根的指环》献给了叔本华。在他 70 岁生日的时候，海量的贺函像雪片般从世界各地向他飞来，他的生日过得空前风光。不过两年之后，叔本华就因为肺炎去世了。他曾援引了彼得拉克的一句话作为他一生的注脚："这一切终于都熬过来了，我生命的暮色成了我声望的朝霞。"

尼采：病态超人

尼采（1844—1900），出生于莱比锡附近的洛克镇。父亲是路德教派的牧师，因此尼采接受了神学的教育，但后来在波恩大学期间他失去了对基督教的信仰，开始了他的哲学道路。承袭自叔本华的悲观主义，在尼采的作品中，超人、上帝已死、主人和奴隶的道德、强力意志（亦译权力意志）是非常有名的。尼采的学说对后世的弗洛伊德精神分析、存在主义等产生了深刻的影响。在历代哲学家中，尼采是极富传奇色彩的一位。

哲学家等于疯子的来源

现在，当我们听到一个人研究哲学的时候，我们经常会善意地劝告："你可千万不要变成疯子啊。"事实上，历史上如此之多的哲学家，变成疯子的仅有一个，而恰恰这一个影响极为广大，他就是尼采。

尼采疯病的来源大概是没办法再知道了，因为尼采已经死去了。不过诸多的研究表明，尼采的疯病与哲学研究并无太大的关联。尼采主要是因为幼年时目睹其父的死亡，以及伴随他一生的体弱多病，最重要的是偏头痛这些遗传病症，才导致了他最后的疯狂。尼采一直认为，由于父亲在35岁那年去世，遗传了父亲偏头痛、近视、眩晕头痛等病症的他肯定也会在35岁，也就是父亲死亡的那个年纪去世。同时，由于父亲的过早死亡，尼采是和妹妹们一起由他的母亲和姑母等几位女性抚养长大的。因而尼采深受她们影响，心理上带着一种"女人气"。小时候的尼采头颅硕大，身材瘦小，眼睛斜视，却智力过人，性情上内向孤傲。由于一直和妹妹在一起，所以尼采没有和其他同龄人一起玩耍过，他怕他们，也不知道该怎么和他们说话。这些都为尼采后来孤独的流浪埋下了种子。但不得不正视的是，在尼采的哲学中，他对意志力近乎偏执的要求也许也是由于这个因素。因为尼采认为，天才等于神经病。而强力意志所要求的恰恰就是一个超人的人。

那匹可怜的马

尼采发疯传说是因为一匹马。那时，尼采尽管身体衰弱，精神经常混乱，但还是能在清晰的时候走出书房去散步，放松心情。但是在1889年的某个傍晚，当尼采顺着与往常一样的道路进行着他的散步之旅时，悲剧发生了。

尼采看到一匹老马拉着沉重的车，在那里艰难地前进，而马的主人却残忍地挥着皮鞭，使劲地抽打着那匹马。尼采当即疯狂地跑上前抱住了那匹马，失声痛哭，大叫道："我可怜的兄弟啊。"随后尼采就疯了。

这和尼采"主人和奴隶的道德"有关。在这当中，尼采阐述了主人和奴隶道德之间的差别。在主人道德来说是对于生命的颂扬，而奴隶道德则是对主人的愤恨。

在《论道德的谱系》中，尼采借第一篇专文将基督教的道德观追溯至那个被他称为"奴隶借由道德造反"的时期，他描述了社会底层的成员对于那些强大、富有而高贵的上层成员的"怨恨"。贵族成员们是以"好、坏"作为价值的区分标准，认为他们在社会中所占的优势证明了他们自身的优越，并且藐视那些底层的成员。而奴隶们则发现他们无法面对自己被强者征服的事实，于是构思出了一套"想象的复仇"，将那些强者描述为"恶"，并将他们自身描述为"善"，也因此建构出了基督教的道德观，透过这套道德观，无能而软弱的成员才有资格住在地球上。在第二篇专文中，尼采则描述了在这套道德观出现前社会的景象（他将之称为"传统的道德"），在那之前以暴力伤害人的权力来自于一个人的能力，就如同动物也有记忆和进行承诺的能力一般，违背承诺者遭受的惩罚就是被施加暴力伤害。也因此，依据尼采的说法，施加惩罚的传统并不是来自于任何道德目标或理论。"坏的结果"也是在道德观浮现前的社会就已存在的概念。若是人不再自由四处游荡和进行劫掠，他所带有的暴力的动物本性便会转而发泄至自己身上。在第三篇专文里，尼采则讨论到了基督教道德观里所呈现的"完美的禁欲者"的概念。尼采主张，埋藏在这个禁欲概念之后的只不过是一连串可笑而又没有根据的迷信，即使在现代社会，这些迷信仍然企图以新的、"秘密的"形式腐败人类。

上帝已死

这是尼采最著名的命题，也可以说是尼采为世人所熟知的一句话，甚至有人说这是尼采之所以发疯的原因。因为在说出上帝已死之后，尼采又说："我就是上帝。"上帝代表的是基督教的伦理要求，就像孔子代表儒家的伦理一样，当尼采说出上帝已死时，这样的命题直接引发了后世存在主义的中心论点：若没有上帝，那么就没有必然的价值或道德律。若没有必然的价值或道德律，那人类应该如何自处？当然，尼采说的"上帝已死"不是说上帝这个实质存在的物质实体死亡了，而是基督教的道德伦理在尼采的学说中被批判了。在《瞧，这个人》中，尼采揭露基督教的道德本质时记录下了明确的与众不同的言论。他说："对基督教的盲目崇拜是典型的罪恶——违背生命的罪恶。"最可怕的东西就是"好人的概念，因为它意味着一个人站在了所有的软弱、病态、衰落——自我忍受——的东西的一边"。

而对软弱、友善、美好等词的蔑视的来源则是尼采所一直强调并身体力行的超人和强力意志。他认为，欧洲人 2000 年的精神生活是以信仰上帝为核心的，人是上帝的创造物、附属物。人生的价值，人的一切都寄托于上帝。虽然自启蒙运动以来，上帝存在的基础已开始瓦解，但是由于没有新的信仰，人们还是信仰上帝，崇拜上帝。他借狂人之口说，自己是杀死上帝的凶手，指出上帝是该杀的。基督教伦理约束人的心灵，使人的本能受到压抑，要使人获得自由，必须先杀死上帝。尼采认为，基督教的衰落有其历史必然性，它从被压迫者的宗教，转化为统治者统治被压迫者的宗教，它的衰落是历史的必然。在没有上帝的世界里，人们获得了空前的机会，必须建立新的价值观——以人的意志为中心的价值观。为此，要对传统道德价值进行清算，传统的道德观念是上帝的最后掩体，它深深地渗透于人们的日常生活之中，腐蚀人们的心灵。

超人和强力意志

尼采的身体一直是病恹恹的状态，并且他的生活也极端困苦糟糕，这对任何一个人来说都是比较沉重的打击，很容易使人陷入消沉。相反，尼采却一直要求自己要以坚强无比的意志来生活。与叔本华的悲观主义相比较，承袭于叔本华的尼采比叔本华积极很多。叔本华处于绝对的消极悲观主义，认为人类只有断绝生命之源才能从永恒的痛苦中解脱，尼采却奋发向上。他同样认为人类处于永恒的痛苦当中，但人类的目标是成为超人。超人，在尼采的书中被定义为拥有强力意志、可以完美地掌握自己的命运的人。

在途经法兰克福时，他看到一队军容整齐的骑兵雄赳赳气昂昂地穿城而过。突然间尼采的灵感如潮水般涌出："我第一次感到，至强至高的'生命意志'绝不表现在悲惨的生存斗争中，而是表现于一种'战斗意志'，一种'强力意志'，一种'超强力意志'！"尼采要建立新的哲学，将生命意志置于理性之上的哲学，非理性的哲学。作为对理性的挑战，他提出了强力意志说，用强力意志取代上帝的地位、传统形而上学的地位。强力意志说的核心是肯定生命，肯定人生。强力意志不是世俗的权势，它是一种本能的、自发的、非理性的力量。它决定生命的本质，决定人生的意义。尼采比较了强力意志和理性的不同特性，理性的特性是：冷静、精确、逻辑、生硬、节欲；强力意志的特性是：激情、欲望、狂放、活跃、争斗。尼采认为：强力意志源于生命，归于生命，它就是现实的人生。人生虽然短暂，只要具有强力意志，创造意志，成为精神上的强者，就能实现自己的价值。强力意志作为最高的价值尺度，一方面肯定了人生的价值，另一方面也为人世间的不平等做了辩护。在尼采看来，人类与自然的生命一样，都有强弱之分，强者总是少数，弱者是多数。历史与文化是少数强者创造的，他们理所当然地统治弱者。尼采推翻了神的等级制度，肯定了人的等级制度。

尼采还提出他的超人哲学，关于建构理想人生的哲学。超人是人生理想的象征，是尼采追求的理想目标和人生境界。尼采对现代人、现代生活感到很失望，他梦想改善人，造就新的人，即超人。超人不是具体的人，是一个虚幻的形象。超人具有大地、海洋、闪电那样的气势和风格。尼采认为：超人还没有现实地存在，它是未来人的理想形象；超人给现实的人生提出了价值目标；超人是人的自我超越。

尼采鼓吹人生的目的就是实现强力意志，扩张自我，成为驾驭一切的超人。超人是人的最高价值，应当藐视一切传统道德价值，为所欲为，通过奴役弱者、群氓来实现自我。同时，他特别反对男女平等、婚姻自由、女性解放，在他看来，人们对待妇女的方式就是"别忘了你的鞭子"。

尼采说："我的作品将在百年之后得到重视。"

"想到有朝一日，我会被最没资格的人尊崇、歪曲……我就感到恐惧。"

也许尼采在看到他那个具有反犹主义和法西斯思想的妹夫时已经有了预感，后来，尼采的哲学果真被他的妹妹伊丽莎白歪曲窜改，作为附和法西斯的言论，使尼采蒙受法西斯污名长达几十年之久。直到有学者将尼采的所有手稿从伊丽莎白手中抢出，进行了重新梳理，将被伊丽莎白窜改、删改和歪曲的文本都进行了重新的排版之后，尼采才得到平反。

克尔凯郭尔：具有两副面孔的人

夜莺不要求任何人听它的歌唱，这是它的谦虚；但它也毫不在乎是否有人听它歌唱，这是它的骄傲。

——克尔凯郭尔

克尔凯郭尔（1813—1855），丹麦哲学家、诗人。生前他默默无闻，名气几乎从来就没有超出过丹麦的边界。20世纪存在主义兴起后，他又被奉为存在主义的先驱。他的哲学注重对于个人的关注，强调现代生活方式下个人的心灵感受与寻求。他的思想与同时代的另一个哲学家尼采一样，在当代西方人的思想和生活方式的选择上产生了深远的影响。

生下来的老人

克尔凯郭尔生于一个富裕的家庭，他的父亲是一个成功的商人，拥有在当时称得上巨额的财产。他的父亲是个极为虔诚的基督徒，从小就对他进行了严格的宗教教育。由于克尔凯郭尔的天资和他父亲的严格教育，他过早地成熟起来。他们父子经常在家进行着与他的年龄极不相称的谈话，令每一个来访的朋友都惊叹这是一个过于天才的儿童。在他成人后，他回忆说："当我生下来的时候就已经是个老人，我完全跳过了童年和青年时期。"

克尔凯郭尔5岁入学，从此一生就献给了对于真理的探究。他先毕业于哥本哈根大学，后来又前往柏林大学学习，在学识上所获非凡。令人羡慕的是，克尔凯郭尔一生没有找一个工作作为自己的职业，他始终在按自己的兴趣生活与思考，他赖以生存的是他父亲遗留下来的巨额遗产。他的书在生前几乎没什么销量，多数都是自费出版。在他看来，是上帝赋予了他作为一个哲学家的职责，他说："虽然在我的时代，无人能理解我，但我终究将属于历史。"因而他也总是毫无愧疚地花费着父亲的遗产，过着自由并且奢侈的生活。或许真是上帝对他的安排，在42岁的一天，他上街取回了银行里的最后一笔钱，然后跌倒在路上，不久就离开了人世。在他的墓志铭上，刻着"这个个人"四个字。

两副面孔的哲学家

克尔凯郭尔是个深刻认识到人生之荒谬的哲学家，他有一段名言："如果你结婚，你会懊悔；如果你不结婚，你也会懊悔；不管你结不结婚，你都会懊悔。……信任一个女人，你会懊悔；不信任她，你也会懊悔；不论你信任还是不信任她，你都会感到懊悔……这就是所有哲学的要点和本质。"而这种深刻的见解正是来源于他自己的人生体验。

他曾在日记里描述自己："我是具有两副面孔的雅努斯；我以一副面孔笑，以另一副面孔哭。"他时常去参加晚会，凭着机智的口才成为聚会的焦点，他用幽默的故事逗得所有人开怀大笑，但在他心里却又特别地讨厌自己。他感觉自己正在成为庸人中的一员，并因此而痛恨自己甚至想到自杀。

1837 年的时候，克尔凯郭尔遇到了一个名叫雷吉娜的姑娘。这位 15 岁的少女爱上了他，他们慢慢地论及婚嫁，1840 年订了婚。然而为时不久，他就取消了婚约。虽然他们互相深爱对方，但在克尔凯郭尔看来，他们无法真正地理解对方，并且也不可能真正给予对方幸福。取消婚约的晚上，他哭了整夜，但第二天却又装出一副没事人的样子。终其一生，他都无法忘记雷吉娜。在他的许多著作中，克尔凯郭尔用隐晦而天才式的文字继续向雷吉娜传达着爱意。在雷吉娜结婚之后，他又给她的丈夫写信说："今生她将属于你，但她终将和我一起进入历史。"

克尔凯郭尔的一生写作了许多著作，但他的多数著作都是用笔名发表的，有的作品甚至写上好几个笔名，似乎是由好几个人共同写成的。有时，他自己阅读自己的作品后又写文章攻击自己的作品。他似乎害怕别人知道这些作品是他写出来的。在写作《非此即彼》时，他拼命制造假象，为的就是掩盖他在从事哲学创作。据说他在这段时间每天晚上去饭店就餐，然后去剧院露面10分钟，一分钟都不多。结果大家都在传言说克尔凯郭尔每天晚上都去剧院，什么事都没干，谁都猜不到不久后出版的《非此即彼》是他的作品。有人猜测说，克尔凯郭尔之所以要这么做，是因为他的作品实际上都是写给雷吉娜的，而他又害怕别人发现这一点。

克尔凯郭尔认识到了人生的荒谬，但他自己同样也无法躲开它，这一点或许使他生活得更加痛苦。

要真正"填饱人肚子"的哲学家

我们知道，克尔凯郭尔被奉为存在主义之父。而存在主义的哲学即是强调要关注我们每一个人的生存状况，关注我们每一个人的存在意义。克尔凯郭尔的工作在这方面有着开创性的意义。在他之前的哲学家们，总是关心怎样理解世界、怎样理解道德这样一些大问题，每个人的生活、每个人在生活中的痛苦往往被他们所忽视。克尔凯郭尔不满于这样一种情形，他要做一个真正关心每一个人生活的哲学家。

在他的作品中，他批评当时最有影响力的哲学家黑格尔说，黑格尔的哲学就像一个大宫殿，但是人始终还是住在自己的小破屋里面。而他要使自己的哲学成为能喂饱每一个人的面包，他要做一个能真正让人填饱肚子的哲学家。

在他的作品中，他讲过这样一则寓言。一场大火在剧院的后台突发，一个小丑跑出来通知公众，但众人却以为那是个笑话而鼓掌喝彩。小丑重复了警告，但公众却喧哗得更加热闹。在克尔凯郭尔看来，他就像那个小丑，向世人们宣告着危险，但却没有任何人理他。克尔凯郭尔认为，人无时不在面临着死亡，但多数人在生活中却忘记了这个事实，他们总是在想一些琐碎的事情，譬如"我的袜子有洞吗"这样一些问题。而这些人就像剧院里一心看笑话的观众一样可笑。克尔凯郭尔强调人生命的易碎，他认为人应当面对死亡，努力去把握自己的自由并且创造自己的命运，成为一个伟人。他像尼采一样寄希望于一种新人诞生，他的"信念骑士"，孤独而又疯狂地向世界挑战，就像著名的堂吉诃德一样。

philo**so**pher

弗洛伊德：性欲乃一切人类成就之源泉

　　弗洛伊德（1856—1939），出生于奥匈帝国摩拉维亚弗莱堡的一个犹太人家庭。作为精神分析学的创始人，弗洛伊德开创了哲学研究的新领域，他所著的《梦的解析》《精神分析引论》等对后来的精神分析学派影响很大。他的学说和理论虽然一直饱受争议，但却一直影响并改变着后世的哲学、心理学、美学，甚至文学、社会学等。

哲人的婚姻

相当多的人在看过《梦的解析》之后都会认为弗洛伊德肯定是个对性心理有特殊研究的色情狂，其实这完全错怪了弗洛伊德。弗洛伊德对于爱情和婚姻的态度是非常严肃甚至有些保守的。

说起弗洛伊德的妻子，这还得从他的妹妹安娜说起。在1882年4月的一个晚上，弗洛伊德从外面回到家。本来按照他的习惯，他会直接穿过客厅回到他的房间，因为他一直觉得他的时间太少了，而他要研究的东西实在太多了，所以他要抓紧每一分钟。然而当他匆匆穿过客厅正打算和往常一样回房间时，他听到了一个非常有吸引力的声音，他无意间朝客厅瞥了一眼，那一瞥改变了他的人生，甚至也影响了整个心理学界和哲学界。弗洛伊德看到他妹妹正在和一个娇弱可爱、纯情率真的姑娘说话。于是他改变了主意，没有直接回到房间，而是留在了客厅，热情地加入到了妹妹和玛莎·柏内斯的谈话。

虽然当时弗洛伊德尚未开始他闻名后世的精神分析学的研究，但是弗洛伊德还是立刻意识到自己已经一见钟情了。"可这太疯狂了！"弗洛伊德对自己大喊道，"这可是只发生在小说或戏剧中头脑发昏的年轻人才会干的事情啊。"因此弗洛伊德在之后几天看到玛莎的时候总是局促不安，生怕自己的窘态被玛莎发现，他的表现完全像个情窦初开的小伙子，更不敢对玛莎示爱，怕被拒绝。

这样的日子过了不久，弗洛伊德发现自己的精神上承受了巨大的压力，而且内心也在滋生着一种不可压抑的感情冲动。这位精神分析学的创始人意识到，如果自己再继续这么下去，很可能会干出一些不知道会怎么样的事情。于是他当机立断，在认识到"对于这样的一个少女，我的任何假惺惺的行为，都是不可忍受的"之后，弗洛伊德开始了他疯狂的求爱行为。他去花店买了一朵红色的玫瑰花，并在花中附上了自己的一张名片，上面用拉丁文、西班牙文、英文和德文写了一句格言，亲自送到了玛莎·柏内斯的家中。在那张名片上，弗洛伊德称玛莎为"嘴唇会衔来玫瑰和珍珠的神仙公主"。

在之后长达一个月的时间里，弗洛伊德坚持每天送一朵玫瑰花，这样的行动终于让弗洛伊德在 5 月的最后一天成功地牵起了玛莎·柏内斯的手。但感情的道路是坎坷而波折的，尤其是沉浸在爱情中的人更是患得患失。轻微神经质，对心理学最有研究的哲学家弗洛伊德也不例外。当他和玛莎漫步在维也纳的古老城堡卡伦堡的时候，他送给了玛莎·柏内斯代表情人关系的一片橡树叶，可是玛莎·柏内斯拒绝了，这让弗洛伊德无比伤心，这个时候弗洛伊德还没开始他为后世所敬仰的精神分析学的研究，他不知道这表示什么。

第二天，弗洛伊德陪玛莎和她的母亲一起散步，弗洛伊德绞尽脑汁问了玛莎许多天南地北的问题以做试探，可玛莎却只是爱理不理的样子。于是懵懂青年弗洛伊德度过了一个无比忐忑又胡思乱想的星期。幸运的是，在那之后的 6 月 8 日，当弗洛伊德把一本《大卫·科波菲尔》送给玛莎时，玛莎感受到了弗洛伊德的心意，因为她曾经无意间说过她想看这本狄更斯的经典小说，而弗洛伊德把她无意间的话都记住了。于是玛莎在她本来打算送给弗洛伊德的蛋糕上又加了一句感谢的话，这让弗洛伊德感到似乎又有些希望了。

在6月17日的时候，弗洛伊德和玛莎·柏内斯订婚了。

弗洛伊德与孙子（著名艺术家卢西安）

但是不久之后，弗洛伊德就因为经济的原因不得不离开了他开始研究精神分析的布吕克的研究所，在维也纳总医院当了一名专业医生。在当医生期间，弗洛伊德学到了临床实践的经验，这为他日后的精神分析研究打下了业务基础。但是玛莎离开了维也纳，她们全家搬去了汉堡，于是在之后的四年间，弗洛伊德和玛莎不得不通过写信来保持联系，在弗洛伊德去法国巴黎留学期间也是如此。

从订婚到结婚，经过了整整四年的时间，弗洛伊德真正感受到了狂热的恋爱和其中的煎熬，同时也感受到了爱情的美好和巨大力量。在那四年中，弗洛伊德一共给玛莎写了900余封情书。而玛莎只要一收到弗洛伊德的信，立刻就会回信。这些书信日后被弗洛伊德集合成册，取名为《秘密记事》。

那些往来的书信忠实地记录下了弗洛伊德和玛莎之间那刻骨铭心的爱情。"永远觉醒的睡眠""光明的烟雾""寒冷的火焰""沁舌的甜蜜"……对方的每一封信都会牵动自己的情绪和神经，弗洛伊德的同事甚至学会了如何通过揣摩弗洛伊德的情绪来猜测玛莎给弗洛伊德的信中写的是什么事。如果弗洛伊德一整天都兴高采烈，工作无比积极热情，头脑兴奋，思维迅速，那么肯定是玛莎在信中写了许多贴心的话。反之，如果弗洛伊德整天都愁眉苦脸，死气沉沉，垂头丧气，对工作毫无兴趣或者突然间对工作疯狂无比，那么肯定就是玛莎在生弗洛伊德的气了。因此每当有弗洛伊德的信来之时，爱捣蛋的同事总要弗洛伊德请客，否则就不将那封决定弗洛伊德一天精神的信交给他。

在那些信中，最短的都有4页纸，一般他们之间的情书都在10页左右，最长的竟然达到了22张。这些情书清楚地记录下了两个人之间感情的曲折。有时候，弗洛伊德会在快乐的高峰，但也许瞬间之后，他就会跌进痛苦的谷底，仅仅因为玛莎随后不经意的一句话。

弗洛伊德为此而感叹道："真正的爱情道路永远是崎岖不平的。即便是两情相悦，也可能会有各种矛盾、死亡、疾病、误会……都会侵害它，使它像一个微弱的声音、一片捉摸不定的影子、一段恍恍惚惚的梦、一个夜空中突然出现的闪电。在那一瞬间，相爱的人们都会经历地狱和天堂的种种感受，真心相恋的人们永远都会受到爱情的折磨，这似乎是爱情的法则，忍受和折磨，正如记忆、幻梦、叹息、希望和哭泣一样，都是爱情不可缺少的随从者。"

30年后，当弗洛伊德研究他的爱情分析学的时候，他本身的经历为他提供了最直观和最深切的感受。

精神分析学

现在，当我们看到一位小男孩对年长的女性非常依赖的时候，我们就会笑着说："这位小男孩有俄狄浦斯情结呢。"尽管很多时候我们不知道俄狄浦斯是谁，也不清晰知道俄狄浦斯情结究竟表示什么（同样不知道的还有厄勒克特拉情结），但是俄狄浦斯情结却是为众人所熟知的一个词语。而发明这个词的就是精神分析学创始人弗洛伊德。

俄狄浦斯是古希腊悲剧作家索福克勒斯的名剧《俄狄浦斯王》中的主角，俄狄浦斯命中注定弑父娶母，最终他刺瞎自己双眼，走向了无边的黑暗以赎罪。弗洛伊德借用俄狄浦斯这个词的背后意思就是：每一个小男孩天生就有杀父娶母的倾向。而同时每一个女孩天生就有杀母嫁父的倾向，这就是厄勒克特拉情结。当然，对于这些理论，自从它创建的那一天开始就一直非议不断。

让弗洛伊德萌生精神分析念头的是一个意外的缘由。

弗洛伊德步入自己独特的职业生涯，缘自与约塞夫·布罗伊尔之间的友谊跟合作，后者是位成功的医生和生理学家，比他大14岁，是通过布吕克认识的。虽然岁数和地位各有悬隔，可布罗伊尔和弗洛伊德依然成了莫逆之交。弗洛伊德经常造访布罗伊尔，他们的友谊在弗洛伊德于维也纳总医院获取了医学经验之后更是上了一层楼，他们甚至经常谈到一些病案。

1882年11月，布罗伊尔告诉弗洛伊德说，他有一个病人，一位年轻的妇女，患有歇斯底里症，他为她治疗已经有一年半了。这位妇女在历史上有一个个案研究的假名叫安娜·欧，她就是贝尔塔·帕本海姆，她的父母是富有的犹太人，她还是玛莎·柏内斯的一个朋友，是个娇生惯养的姑娘。弗洛伊德受这个病案的吸引，让布罗伊尔详细透露了病情，并在数年后与布罗伊尔一起写了一份报告——经常被称作精神分析学第一份个案报告，精神分析学就是从这里生根发芽开始成长的。

贝尔塔·帕本海姆是位漂亮而有头脑的21岁姑娘，她深深地迷恋着自己的父亲，在他生病期间仔细照料他，直到她因严重的歇斯底里症病倒在床。她失去了胃口，肌肉无力，右臂麻痹，还有一紧张就咳的严重毛病。她的父亲两个月后故去，她的病情也更加严重了，开始出现黑蛇和骷髅的幻觉，语言发生障碍（有时候，她不能讲德国母语，但是却能说英语、法语或者意大利语），哪怕渴得要死她也不能喝水，还有一阵阵的"缺失"，或者恍若梦中的时空错觉，她把它叫作"时间消失"。

布罗伊尔告诉弗洛伊德说，他一直定期为她看病，可无能为力，直到有一次碰巧撞上了一种很奇怪的新方法。在她发生"缺失"的时候，她常会呢喃地说出一些从一长串思想当中冒出来的词，而布罗伊尔发现，给她稍加催眠的话，他就可以让她以这些词为起点，为他重现她思想意识里的一些图景和幻想故事——这之后，很奇怪，她会有好几个小时不再有精神混乱。第二天，她也许又会进入另一种缺失，布罗伊尔又会通过稍加催眠而驱赶走这种缺失。他把它叫作"谈话疗法"，或者有时候叫"扫烟囱"。

布罗伊尔告诉弗洛伊德说，谈话疗法比暂时使其脱离精神混乱的意义大得多，如果他可以让她在催眠状态下回忆起某种特殊的症状最早是在什么时候、以什么样的方式出现的话，这种症状就会消失。例如，有一次，她追踪自己为什么不能喝水，想起以前某个时候看见一条小狗在水杯里喝水，因此觉得十分恶心。她醒过来以后，就可以喝水了，这个症状再也没有出现过。同样地，谈话疗法还使她摆脱了右臂麻痹——她想起来，有一次，她在照顾父亲的时候，她的那只胳膊垂在椅背后面麻痹了，这之前，她曾做过一个梦，梦见一条黑蛇向她爬来而她却不能用胳膊赶走它。

通过这个方法，布罗伊尔一个接一个地攻下了她的病症并控制了病情。可是在一天夜晚，他发现她又一次发生了混乱，因腹部痉挛而疼得打转。他问她是什么毛病。"布医生的孩子要出生了。"她说。他惊愕地意识到，她正歇斯底里地经历着怀孕幻想，而且还是从有关他的狂想中产生的。他突然把她交给了一位同事，与妻子一起外出旅行，不再管贝尔塔·帕本海姆的病案了。

而弗洛伊德则从这个案例出发，和布罗伊尔在五六年的时间里讨论了一系列病案——贝尔塔·帕本海姆和弗洛伊德最近的一些病人——最终慢慢形成了一种歇斯底里理论，就是整体意义上的心理学理论。他们的结论是"歇斯底里症受到回忆的影响"——就是一些痛苦的情感体验的回忆——它们因为某种原因从意识中排遣出来了。在这样一些回忆保持被遗忘的时候，与此相关联的情感被"纠缠着"，或者被拴住并被转换成一种生理能力，表现为一种形式的病理症状。当记忆通过催眠而得以恢复时，情感可以被感知到并表达出来，症状也就因此而消失。这是布罗伊尔和弗洛伊德于1893年发表的一篇简短文章，以及1895年发表的、有很多细节的长篇文章即《歇斯底里症研究》的要点。

梦和释梦

梦作为一个特殊的存在，一直是带神秘色彩的。弗洛伊德以他的理论为基础，提出了他对于梦的独特理解，并写下了《梦的解析》一书。

他在对梦的观点中谈道："对于梦，有一种观点认为，梦是一种精神作用。柏拉图说'梦是一种感情的产物'；亚里士多德说'梦是一种持续到睡眠状态的思想'；哈特曼说'人可以借由梦而追溯出自我的另一个领域——潜意识'；尼采说'梦是白天失去的快乐与美感的补偿''梦的状态，就相当于疯狂的状态，因为两者都会呈现一种智力的混乱，并且均以内在主观的反应投射于外在世界'；艾历斯说'梦使人脱离道德上的自我约束，而看到自我感情生活的原型'。

"而在我看来，除去那些占据大部分的没有明确含义的梦之后，剩下的梦是一个人复杂的理智活动。比如当你梦到洞穴的时候，洞穴代表的是阴道，而当你梦到石柱的时候，石柱代表的是阴茎。"

弗洛伊德认为，人们的意识分三层：超我、自我和本我。其中超我代表的是现世中的道德要求，是标准的卫道士，它时刻警惕着本我的出现。而本我是一个人最真实的想法，也是最接近动物的部分，它代表的是人类原始的一面。这两个我都是不露头的，在现实中出现的是自我。自我夹在超我和本我中间，努力调和着超我和本我激烈的斗争。

当一个男生喜欢一个女生或者一个女生喜欢一个男生的时候，超我会说："注意，你不能采取行动，因为你的行动将会给对方造成困扰，同时，也会侵犯对方的隐私。"而本我则会说·"不要犹豫，赶紧扑上去，推倒他／她，你想做什么就做什么吧。"而这个时候，最痛苦的就是自我了，它不得不在保持礼貌和发动攻击之间找到平衡，以使自己既不会被冠上色狼或者流氓的称号，又不至于丧失猎物。

弗洛伊德从柏拉图的回忆说中汲取了思维。他将柏拉图回忆说中不切实际的概念都去掉，然后将前世回忆说改造成孩子回忆说。在弗洛伊德看来，孩子在两岁之前的经历将会决定他接下来对人生的态度，这种观点也是经由现代科学所验证的。因为从出生到两岁的这个阶段，是孩子培养安全感、性心理等关键心理的时期，这个时期的任何一点经历都会在日后对孩子的行为造成影响。而在两岁之后，孩子会将之前的记忆封锁，开始进入后世记忆时期。但两岁之前的记忆并没有消失，而是进入了潜意识当中，在意识之下主导着一个人真实的心理活动，而这个主导，清醒的时候人们是不会意识到的。正如当一个人在选择水果的时候，他不知道为什么自己会选择苹果而不是香蕉。

当一个孩子在两岁之前可以得到完全的有求必应，那么他将会培养起完整的安全感，在他之后的人生中，他会对这个世界和他所拥有的东西抱以极大的信心。反之，如果一个孩子在两岁之前没有得到足够的照顾，他的安全感就会非常缺乏，在他成人之后，他就会对这个世界抱持一种极端的不信任感，随之而来的就是对这个世界的焦虑。

而这些情绪和心理，即本我，在平时是被超我所压抑的。但在睡梦中的时候，由于超我力量被减弱，于是各种潜伏在意识之下的意识就都冒了出来，但由于超我仍然存在，这些意识并不能以原本的面目出现，于是这些意识就改头换面，以各种意象的形式出现。

因此弗洛伊德认为，梦中的各种意象，在剥去它们的伪装之后，将清晰地表达一个人真正的内心思想。

philosopher

胡塞尔：现象的还原

胡塞尔（1859—1938），德国哲学家，现象学哲学的创始人。

1876 年起，先后在莱比锡大学、柏林大学和维也纳大学攻读物理学、数学、天文学和哲学，晚年遭纳粹势力逼迫，境况窘迫，于忧郁中去世。其一生思想多变，但其目标是要使哲学建立在严密科学的基础上，即哲学必须放弃一切未经证明的前提以求其彻底性，其概念和论证必须明晰可证以求其严密性。

瞌睡虫的职业选择

1859 年 4 月 8 日，胡塞尔出生于奥匈帝国的普罗斯尼茨（今属捷克）。童年时的胡塞尔和所有的孩子一样十分淘气，在冬天他常常做的一种游戏，就是梦幻般地追逐阳光照射下的烟雾，那烟雾是从房子对面的玻璃工厂的烟囱里冒出来的。他还和别的小孩子打赌，他敢在高高的大墙上奔跑，那个时候他会感到很骄傲，觉得自己跑起来像匹强壮的小马。但是，胡塞尔并不是一个好学生。据他的一个同学回忆，胡塞尔是一个瞌睡虫，在课堂上能够很快地睡着，其他同学只好不停地把他推醒。当老师向他提问时，他总是睡眼惺忪地站起来，打着哈欠。由于平时上课不认真，在每个学期末，为了能够升级，他不得不拼命地补习落下的功课。他的成绩总是落在其他同学后面，只有数学例外，尽管老师对大家要求很严格，但他总能够取得最好的成绩。胡塞尔的学习成绩表明，他属于智力开发比较慢的那种类型。

根据当时学校的习惯，学生到了高年级的时候，学校要根据学生的学习成绩和天资发展的情况，每两年给学生做一次将来职业建议的鉴定。在五年级和六年级期间，学校给胡塞尔的建议是"司法"，然而两年后，胡塞尔得到的职业建议是"哲学"。一个当年的同学回忆说："胡塞尔在七年级时对我们说出了一句惊人的话，他说他将来要研究天文学。我们大伙对他这个志向很难相信。"

快要毕业的时候，胡塞尔知道了老师对他所做出的评语："胡塞尔在毕业考试中很难通过，这几年来，他一直使我们感到很为难。"也许是受到了刺激，胡塞尔开始进行了前所未有的紧张复习，早晨 5 点钟就起床，补习所有的教材，而这些教材在以前他几乎没有看过，而且他还必须独自通过各门课程的口试。胡塞尔考试的最终结果出乎老师们的意料，他取得了比较好的成绩。校长在给校监事的报告中以自豪的口气写道：取得这么好成绩的胡塞尔，"曾是我们学校最差的学生"。

在莱比锡大学学习期间，一次，胡塞尔偶然得到了一架由蔡斯工厂生产的望远镜，他对这架望远镜进行了十分仔细的"检查"，在镜片上他发现了一个污点。随后，他把这架望远镜寄回给耶拿的蔡斯公司。胡塞尔很快收到了当时蔡斯公司经理阿贝教授的回信，信中应诺胡塞尔将来可以进入蔡斯的研究所工作，因为胡塞尔在那架望远镜上发现的污点没有被蔡斯工厂的任何一个检验人员发现过，阿贝教授相信胡塞尔"肯定有远大的前程"。

胡塞尔的哲学生涯是由贵人指引的。在大学期间，他结识了后来捷克斯洛伐克的总统托马斯·马萨利克。马萨利克当时已经获得了博士学位，他在功课方面比胡塞尔懂得更多的东西，友好地帮助胡塞尔学会了许多自己还不懂的新东西，并且指点胡塞尔学会如何进行独立思考。胡塞尔自己承认，马萨利克对他的首要帮助是使他摆脱了错误的、非伦理的民族主义情绪。马萨利克反复给胡塞尔这位哲学入门者推荐近代哲学奠基者的思想，例如笛卡尔哲学、英国经验论和莱布尼茨哲学，还推荐他到莱布尼茨哲学协会去参加各种学术活动。胡塞尔遇到的另一位贵人是哲学家弗兰茨·布伦塔诺，正是在他的影响下胡塞尔真正地转向哲学。

在布伦塔诺的指导下，胡塞尔明白了哲学是一门科学，并且是一门严格的科学，其他各门科学则以哲学为基础。胡塞尔还了解到了对精神活动的意向性做总体分析的潜力。事实上，数年之后他对现象学的发现，就是以对布伦塔诺意向性分析的某种精致化而开始的。

1936年，纳粹政府由于胡塞尔的犹太血统而收回其教师资格证书，他的境况变得很糟糕，并于1938年患病逝世。临终前他没有留下什么处置财产的遗书，只以微弱的声音说："生和死是我的哲学的最终追求，我作为哲学家活了一辈子，现在我想作为一个哲学家而死去。"

超越心理主义

胡塞尔讲过一个童年的故事：有人送给他一把小刀，他觉得不够锋利，就不断地磨它。没想到他越是磨刀刃，刀刃就变得越小，最后几乎都没有了。他认为这件事具有某种象征意义。

后来胡塞尔进入维也纳大学，师从弗兰茨·布伦塔诺，布伦塔诺提倡不使用任何哲学前提，一切哲学问题都被转化为直接的心理经验问题。后来，他逐渐意识到必须超越心理主义，把对意义的描述分析引导到一个更纯粹的、逻辑的、现象学的层面上。他指出，企图把逻辑问题归结为心理问题的观点忽视了逻辑规律与心理规律之间十分重要的差别。心理学并不是十分精确的科学，虽然它讲究从实验事实中总结规律性的东西，但所使用的是不完全归纳法，所以心理学所揭示的思想规律的有效性，只在一定条件下才成立，并不是完全普遍有效的。胡塞尔所追求的是具有普遍有效性的主体思想观念的构成问题的理论，为了形成这样一种理论，他吸收了康德先验唯心主义理论的思想方法，走上了处于柏拉图和亚里士多德之间的"中间道路"。

胡塞尔还认为哲学应该是一门严格的科学，但是一直没有找到一个真正严格的起点。在他看来，其原因是哲学家们的思维还是有局限性，还未能真正摆脱根深蒂固的"自然主义"的思想方式。根据这种思想方式，人的认识对象和认识的可能性都有现成的答案和前提，人的认识和思考从一开始就已经处于某种前提规定的框架之内，而缺少一种体验的和反思的彻底性。人的认识不是一个真正的起点，也缺少一个内在严格的构成机制。他认为，哲学必须彻底，而且不要任何前提条件。他的一生中不断对自己的哲学提出苛刻要求，坚持哲学的科学严格性。他反对哲学中的大话和空话，要求将哲学史上的"大纸票"兑换成有效的"小零钱"。他拒斥形而上学的思维方式，主张洞察和直观。因而，胡塞尔的哲学有明显的"内在化"和"观念化"趋向，现象学不是关于客观现象的哲学，而是把客观现象内在化和观念化的哲学。

philo**so**pher

海德格尔：诗意的栖居者

语言是存在的家，人类栖居在语言之家。

——海德格尔

海德格尔（1889—1976），德国哲学家，20世纪存在主义哲学的创始人和主要代表之一，被认为是现代西方欧陆哲学最重要的代表性人物。他开创了对存在本身的研究，强调存在本身对于人的特殊意义。晚年，海德格尔对现代人的生活方式以及解决之道进行了一系列的思考。

被误认为是修理工的大学教授

一天上午，一个教授在自己的办公室里办公。突然响起了一阵敲门声，教授打开门一看，只见走进来一个壮实、朴素的高大汉子。此人穿着当地农民常穿的服饰——吊带花饰皮裤，厚厚的白色过膝长袜，看上去健壮结实，肌肉发达，一眼就能看出是个土包子。教授想："这肯定是派来给我修水管的修理工。"于是对着访客说道："这里的水管都坏了好几天了，你赶快帮我修好吧。"

这位来访者愣了一下，问道："请问，您今天是不是约了马丁·海德格尔教授？"

教授也不由愣了一下，说："是啊，怎么了？你怎么知道的？"

这下子，那个被当作修理工的访客笑了："我就是马丁·海德格尔教授。"

这样一个故事或许是杜撰的，但海德格尔在服饰上的随意与朴素，无疑遭到过许多当时德国学者的嘲笑。在当时的德国学术界，教授们都十分重视高雅的装扮。像海德格尔的老师——著名的哲学家胡塞尔就喜欢穿着正装，头戴宽边帽子，手拿镶金边的手杖，显出优雅和文明。不仅在装束上，在言谈乃至行为举止上，海德格尔都与高雅、自由、充满贵族气息的德国学界保持着一种格格不入的距离。

海德格尔出生于德国农家，他一生也始终把自己看作一个农民。只有穿着农民的衣服，说着农民的话他才觉得自在。如果不是为了学习哲学，他原本并不想离开自己的家乡。在他的哲学里，也始终充满着对于农民简单朴素、充满生机的生活方式的推崇。海德格尔感慨传统的农民式的诗意生活为现代技术的普及所破坏，希望为现代人找到一条心灵安置的道路。

海德格尔的学生与情人

海德格尔是个风流的思想家。他于 1917 年与丽德·佩特瑞结婚，由于佩特瑞是新教徒而海德格尔是天主教徒，他们举行了两次婚礼，一次在新教教堂，一次在天主教堂。但两次婚礼的承诺也并未能够保证海德格尔对妻子的忠贞。

海德格尔虽然长相一般，穿着打扮上更是显得土气，但他聪明绝顶，又在哲学界具有相当高的声誉，时常有一些年轻的女孩子经不起诱惑甘愿为他献身。而海德格尔也被许多人看作"勾引天真无知的女生上床的色狼，达到目的后就一脚踢开"。在海德格尔诸多的情人中，与他交往最为密切也最为著名的就是汉娜·阿伦特——一位在后来取得极大声誉的女哲学家。

1922 年的时候，还是副教授的海德格尔迁居一个叫马尔堡的地方，在当地的大学任教。这个小城风景十分迷人，但却有着德国小城特有的保守和封闭，只要有任何风吹草动，马上人尽皆知。而海德格尔的妻子丽德，对于自己丈夫的好色本性也是十分了解，她几乎可以说是死死地盯着海德格尔，还有他的学生，尤其是那些漂亮的女学生。然而海德格尔还是勾搭上了一位漂亮的犹太女学生，这个女学生就是汉娜·阿伦特，当时她才 18 岁。

如果他们敢于同时出现在公众面前，那实在是非常不般配的一对。海德格尔当时 35 岁，粗壮结实，习惯穿着标准的农民服装，看上去像个干体力活的人；而汉娜则一头短发，身材修长，穿着时髦的服饰，年轻漂亮，高雅大方。

有证据表明，是海德格尔率先发动了引诱攻势。面对年龄几乎是自己两倍的男人，阿伦特似乎心存敬畏。但海德格尔的天才和充满爱意的表白还是打动了她。在给阿伦特的信里，海德格尔深情款款，巧舌如簧。在其中一封信中，海德格尔写道："亲爱的汉娜，我已经坠入爱河不能自拔，这是以前从来没有过的事。雨中回家的你更漂亮，更迷人，真希望与你手挽手一直走下去，永远。"在海德格尔的强求下，他们两人经常在大学附近阿伦特的学生公寓幽会，具体时间全部由海德格尔决定。这种私通非常危险，因为马尔堡大学的因循守旧和清规戒律远近闻名，一旦事情败露，海德格尔将身败名裂，失去教职，更何况还有已经难以消受的河东狮吼。

一年后，阿伦特搬到了海德堡，师从另一哲学大师、海德格尔的朋友雅斯贝尔斯。阿伦特把这次转学视为替海德格尔做出的自我牺牲，"因为我对您的爱，一切又算得了什么"。她的痛苦离去似乎也在某种程度上遂了海德格尔的心愿，毕竟身边少了颗"地雷"比较安全。更何况，在少被人发觉的情况下，海德格尔还希望这段私情能够继续。可阿伦特希望重回自我，转学之后她没有留下新地址。这次还是海德格尔采取了主动，他派学生打探到阿伦特的情况，把她又拉回自己怀抱。幽会地点一般都在离马尔堡有安全距离的车站旅馆。这样，在马尔堡与海德堡铁路沿线的小站上，他们的风流韵事又持续了两年。

直到1927年，海德格尔发表了他的代表作《存在与时间》，获得了前所未有的声誉。第二年他就接替了他的导师胡塞尔担任弗莱堡大学哲学教授。大概是考虑到对新职务的影响吧，他写信与阿伦特断绝了两人的关系。1929年，阿伦特嫁给了斯特恩。

但故事到此并未结束，纳粹在德国的上台改写了两人的人生历程。1933年5月，海德格尔满怀热情地加入了希特勒的国社党，并发表了支持纳粹的校长就职演说。这个新科纳粹校长，在演说的结尾说道："只有元首才是当下和未来的德国现实和法律"，并三呼"嗨，希特勒！"。阿伦特感到无比失望，她给这位昔日的导师兼情人寄了一封谴责信，宣示与德国知识界绝交，从此她开始了在美国的流亡。直到战后的1950年，阿伦特重返德国，与海德格尔重逢。

作为纳粹的同流合污者，海德格尔作为哲学家的声誉被玷污，已经无可挽回，他被禁止参加德国大学的任何知识生活。而阿伦特，这位昔日的灰姑娘，已经是一名具有国际声望的犹太知识分子，在对极权主义的批判方面独树一帜，时间的流逝已经把声名的天平倒转。但对海德格尔依然不变的爱使得阿伦特决定再次帮助海德格尔获得人们的理解。从此，她成了海德格尔的美国代理人，辛勤地张罗他的著述合同和翻译事务，就针对海德格尔的种种指责竭力进行辩护。

虽然在许多人，包括海德格尔的许多原有同事和学生看来，海德格尔并未曾真正对当年与纳粹的合作做出真正的忏悔，但爱，迷住了阿伦特这位 20 世纪最为出色的女性政治哲学家的双眼。早在 1928 年，在预感到海德格尔即将了断他们之间的情事之时，她在信中写道："以上帝的愿望，我将在来生更加爱您。"

海德格尔的小木屋

1922 年，海德格尔在托特瑙山购得一小块地，他的夫人找人建了一座小木屋，为的是丈夫能够在安静的环境中思考和写作。这座小屋十分之简陋，不超过 40 平方米。孤零零的一座小房子在山坡上，小木屋的背后，是苍翠古老、随着山势起伏的黑森林；小屋左侧的山坡，是冬季的滑雪胜地；小屋以下及对面晴朗的远方，则是幽深的谷底。直到 1931 年，小木屋里才通上了电灯，而这也是缘于 1930 年海德格尔拒绝了来自柏林大学的邀请。作为海德格尔继续留在弗莱堡大学的一个补偿，她的夫人向巴登地区的政府提出了这一请求。

海德格尔一生中的大部分时光都与这间小木屋联系在一起。即使是在马尔堡大学任教的五年时间里，他也还是经常回到这里，回到沉思之中。他一生中的大部分著作也都是在这间小木屋中写成的，其中包括 1927 年出版的哲学名著《存在与时间》。

据说一到秋天，海德格尔就提前准备好食物、木材等各种生活必需品，一个人运送到小木屋里囤积起来。到了冬天，海德格尔就一个人在小木屋里住着，独自进行着哲学的思考。他说："严冬的深夜里，暴风雪在小屋外肆虐，还有什么时刻比此时此景更适合哲学思考呢？这样的时候，所有的追问必然会变得更加单纯而富有实质性。那种把思想诉诸语言的努力，则像高耸的杉树对抗猛烈的风暴一样。"

至今，这座小屋依然在托特瑙山上伫立着。全世界的旅游者来到这里，都会去看一看这座小屋，感受一下当年哲学家的思考。

philosopher

罗素：唯一了解中国的外国人

　　罗素（1872—1970），英国哲学家、数学家，出生于英国著名的辉格党家族。1887 年进入剑桥大学三一学院学习，后转入哲学系学习。罗素一生勤奋，寿命又长，一次获诺贝尔文学奖，二次被捕入狱，三次离婚，四次结婚。他先后有 40 多部著作问世，涉及学科领域包括哲学、数学、伦理学、社会学、历史学、教育学、宗教学等各个方面，对西方哲学产生了很大影响。诺贝尔奖委员会评价说，罗素是当代理性和人道最杰出的代言人。

打破砂锅问到底的小罗素

罗素 11 岁时，哥哥弗兰克开始教他几何学。弗兰克首先在纸上写出了五个几何公理和点、直线、圆、面等定义要求罗素记住。

"这些东西我为什么要记牢啊？"罗素稚气地问哥哥。"因为它们都是一些不证自明的公理。""为什么它们就可以不证自明呢？"罗素问。"因为这些东西根本不需要证明。"弗兰克说。"为什么这些东西根本不需要证明呢？""因为这些东西是显而易见的。"弗兰克说。"难道显而易见的东西就不需要证明吗？"罗素不解地问。"当然。"弗兰克一面说，一面就在纸上画了两个点，然后他接着说，"你看，在这两个点之间，如果用一条直线把它们连接起来的话，只能画出一条直线。这难道还需要证明吗？你自己画一画就知道了。"弗兰克把笔递给了罗素，要他自己在纸上画一画。

可是罗素没有从哥哥手中接过笔，他还是不明白为什么这些公理不需要证明。"我认为，这些东西，不加证明就要我毫不怀疑地接受，这是没有道理的。"

"实际上，这些东西是不能证明的。"哥哥见罗素那么倔强，有点儿不高兴，因此，他就说这些公理是根本不能证明的，想要以此来堵住罗素那张爱发问的嘴。

"不能证明？为什么不能证明啊？"

"不能证明就是不能证明，这还有什么道理啊？你如果还要纠缠这些违反常识的问题，那我就不教你了！"弗兰克显然生气了。

看到哥哥生气了，罗素为了尊重哥哥，也没有再说什么，可他还是认为："任何命题都需要最后的证明，不管是几何学的命题，还是其他数学分支的命题，都是需要证明的。"

后来罗素在已经成形的集合论中发现了一个悖论，世称"罗素悖论"，它引起了所谓的"第三次数学危机"。罗素悖论的通俗版本叫"理发师悖论"：

萨维尔村理发师挂出了一块招牌："村里所有不自己理发的男人都由我给他们理发，我也只给这些人理发。"于是有人问他："您的头发由谁理呢？"理发师无言以对。

师门传奇

话说名师出高徒，西方哲学史曾经出现过苏格拉底、柏拉图、亚里士多德这样传奇式的名师高徒，而罗素师门恰好是他们的翻版，罗素有一位名师——怀特海，还有一位高徒——维特根斯坦。

罗素活到90多岁还有清楚的头脑和不老的热情。有个故事说，罗素在80多岁时，说他90多岁的老师怀特海"真是老糊涂了"，而怀特海反过来说罗素"还是不成熟"。怀特海是个天才，非常年轻就成了剑桥的教授。由于他是天才，所以很快就看出罗素也是天才，当罗素来上课时，怀特海对罗素说："你不用学了，你都会了。"正因为罗素是天才，所以他很快就看出了维特根斯坦也是天才。维特根斯坦曾经向罗素询问自己有没有才华："如果我是天才，我就研究哲学；如果我是蠢蛋，我就去开飞艇。"罗素后来对他说："忘记飞艇吧，你是个天才。"有趣的是，其实他们三个往往分不清谁是老师、谁是学生。怀特海看到罗素《数学原理》的书稿，觉得有道理，就参加进来。而罗素则承认维特根斯坦对他的逻辑原子主义的形成有过深远的影响。

中国之行

1920 年，已经享誉世界的罗素应"中国讲学会"的邀请，来中国讲学一年。中国的学者们希望罗素能够给中国学术界带来些新鲜生气。除了讲学之外，罗素到过很多地方，写了大量的文章，在美国很有影响的报纸上发表专栏。

在罗素的眼里，中华民族是一个艺术家的民族，他总是用敬佩的口吻谈中国的传统文化。孙中山先生说，罗素是唯一了解中国的外国人。罗素用学者的良知写道："中国人到西方寻求知识，希望知识能够为他们提供获得智慧的途径。而白种人带着三种动机到中国去：打仗、赚钱、教中国人改信上帝。"回国后，他说："当我前往中国时，我是去教书的，但我认为我在中国逗留的每一天，我要教给中国人的东西甚少，而需要向他们学习的东西甚多。"

在中国期间，罗素曾经大病一场。病后他拒绝任何采访，一家对此很不满意的日本报纸就谎称罗素已经去世。虽经多方交涉，这家报社仍不愿收回报道。罗素取道日本回国时，这家报社又设法采访他，作为报复，罗素让秘书给每个记者分发印好的字条："由于罗素先生已死，他无法接受采访。"

我为什么而活着

三种简单然而极其强烈的激情支配着我的一生。那就是对于爱情的渴望、对于知识的追求以及对于人类苦难的无比同情。这些激情犹如狂风，把我带到绝望边缘的深深的苦海上东抛西掷，使我的生活没有定向。

我追求爱情，首先因为它叫我消魂。爱情使人消魂的魅力使我常常乐意为了几小时这样的快乐而牺牲生活中的其他一切。我追求爱情，又因为它减轻孤独感——那种一个颤抖的灵魂望着世界边缘之外冰冷而无生命的无底深渊时所感到的可怕的孤独。我追求爱情，还因为爱的结合使我在一种神秘的缩影中提前看到了圣者和诗人曾经想象过的天堂。这就是我所追求的，尽管人的生活似乎还不配享有它，但它毕竟是我终于找到的东西。

我以同样的热情追求知识，我想理解人类的心灵，我想了解星辰为何灿烂，我还试图弄懂毕达哥拉斯学说的力量，是这种力量使我在无常之上高踞主宰地位。我在这方面略有成就，但不多。

爱情和知识只要存在，总是向上导往天堂。但是，怜悯又总是把我带回人间。痛苦的呼喊在我心中反响回荡，孩子们受饥荒煎熬，无辜者被压迫者折磨，孤弱无助的老人在自己的儿子眼中变成可恶的累赘，以及世上触目皆是的孤独、贫困和痛苦——这些都是对人类应该过的生活的嘲弄。我渴望能减少罪恶，可我做不到，于是我感到痛苦。

这就是我的一生。我觉得这一生是值得活的，如果真有可能再给我一次机会，我将欣然再重活一次。

——罗素

罗素的一生正是对这三种感情的诠释。他和怀特海合著的《数学原理》使他赢得了在世界同行中的声誉，这部著作把数学逻辑引入语言，帮助确立了分析哲学的基石，而分析哲学后来成为20世纪英语国家的主导性哲学。但是在完成《数学原理》后，罗素感到才思枯竭，尽管当时他只有40岁。这时候维特根斯坦对其思想的批评破坏了罗素的智慧自信。第一次世界大战期间的反战活动让他丧失了在剑桥大学三一学院研究院研究的资格，并因此被关进了监狱。后来他又经历了婚变的痛苦、孩子的烦恼以及无休止的经济问题，导致罗素在其余生中几乎再没有真正搞过哲学，虽然他一直活到98岁。为了支付不断飞来的账单，他大量写作，一生中每天平均写2000字。这样的高产让他的有些作品难免有些肤浅，但在有些作品中他的主张在当时还是非常激进的，比如关于性、婚姻、离婚、教育、国际政治和裁军等方面。这些观点并不是罗素的独创，但由他提出后，说服力、感染力就特别强，因而成为弥漫西方思想中的自由主义潜意识，普遍地被人们接受。因而，罗素对自己一生结了四次婚、有无数的情人，一点都不觉得不好意思。1961年，年近90岁的罗素因参与倡导核裁军的抗议活动又一次被关进监狱。这种英雄行为让他成为和平的天使、明智和理性的灯塔。

维特根斯坦：哲学家就是瓶子里的苍蝇

对于不可言说的事物，我们必须保持沉默。

——维特根斯坦

维特根斯坦（1889—1951），生于奥地利，后加入英国国籍。天才的哲学家、数理逻辑学家，语言哲学的奠基人，20 世纪最有影响的哲学家之一。

希特勒的同学

维特根斯坦出生于一个称得上豪门的家庭，他的父亲是欧洲钢铁工业巨头。像许多豪门一样，他年幼时在家学习，但取得的效果并不好。1903 年，维特根斯坦通过入学考试后前往林茨一所以技术著称的中学学习。在这里，他遇到了另一个后来同样改变了整个世界的人——阿道夫·希特勒。据说当时他们两个人虽然并没有很深的交往，但在某些方面却有着相似之处。他们都称呼其他的同学"您"，这一称谓显得更加正式和彬彬有礼，但同时也显得更加疏远，而其他同学，他们都是用"你"来互相称呼。

中学毕业后，维特根斯坦想师从当时著名的物理学家玻尔茨曼，但后者于 1906 年自杀，使得维特根斯坦的希望毁于一旦。他的父亲想把他培养成工程师，又把他送到了英国去学习航空工程。在学习数学的过程中，维特根斯坦研究了数学基础问题，阅读了当时英国哲学家罗素的《数学原理》，这激发了他学习哲学和逻辑的兴趣。后来，他就直接找到了罗素，向罗素询问自己有没有才华："如果我是天才，我就研究哲学；如果我是蠢蛋，我就去开飞艇。"于是，罗素让他写一篇论文，只要写他感兴趣的题目就行。不久，维特根斯坦把论文拿来了。只读了一句，罗素就相信维特根斯坦是一个天才，劝他无论如何不要去开飞艇。而另一位著名的哲学家摩尔也非常赏识他，因为在摩尔的课上，只有维特根斯坦一个人看上去十分疑惑，充满了问题，其他人都做出一副十分明白的表情。而在摩尔看来，这样一种问题意识对于哲学研究是十分必需的。

后来的事实也证明了这两位哲学家的判断是正确的。维特根斯坦天分极高，在哲学研究方面表现出了无与伦比的才能。在与一些学者进行讨论的时候，维特根斯坦总是能表现出惊人的创造力。在聚会时，时常会出现一段时间的沉默，这时只有维特根斯坦一个人的声音。其他人都屏息无声地注视着他，每个人都注意力高度集中地想着维特根斯坦所说的问题，只有这样才能勉强理解，没有人敢打断他。

你们永远不懂我在说些什么

维特根斯坦特别强调语言的重要性，在他看来，几千年来的哲学家们不过就是在玩着语言的游戏，而语言本身的奇妙性至今仍未能为人们所把握。他曾做过一个绝妙的比喻。用一个口小、颈长、肚子大的玻璃瓶，在瓶底涂上一些蜂蜜，结果就引来了许多的苍蝇。而这些苍蝇一旦飞进了瓶子，要么就淹没在这黏黏的、甜甜的蜂蜜里，要么就嗡嗡地叫着直到死去。在他看来，哲学家就是这些苍蝇们。而他的工作就是要给这些苍蝇指出一条逃离瓶子的路径。这并非要解决哲学问题，而是要消解哲学问题。在他看来，以往哲学问题的产生就在于错误地背离了日常语言，就像那些苍蝇们错误地飞进了瓶子里面。他还曾比喻说，一个搞哲学的人，仿佛被困在房子里走不出去。他想从窗户爬出去，可窗户太高；他想从烟筒钻出去，可烟筒太窄。可只要他一回头，就可以看见：原来大门是一直敞开着的！维特根斯坦这些观点充满天才性的创造力，以至于当时的许多伟大思想家都无法理解。

在他参加剑桥大学博士论文答辩时，主持人是罗素和摩尔这两位大家。但这两位卓越的哲学家却始终也不能理解维特根斯坦在说什么。罗素问他："你一会儿说关于哲学没什么可说的，一会儿又说能够找到绝对真理，这不是矛盾的吗？"维特根斯坦拍了拍他们的肩膀说："别急，你们永远也搞不懂这一点的。"答辩就这么结束了，罗素和摩尔只好一致同意他通过答辩。类似的事情还有，维特根斯坦后来拿一本书《哲学评论》去申请研究基金，又归罗素来鉴定，罗素不喜欢这套新理论，他的评语大意是：这本书非常有创造性，但在他看来是错误的，不过还是同意给予研究经费。

监狱里写成的著作

第一次世界大战开始后，维特根斯坦返回了奥地利，作为公民应征入伍。在战争期间，他依旧坚持哲学思考和创作。他在自己的背包里装入了一包纸，他带着走进了战壕，只要有空，他就继续进行哲学创作。不久，他被意大利人俘获。在监狱里，他继续进行着思考，作为战俘的他完成了《逻辑哲学论》的写作。

《逻辑哲学论》只有数十页，由七个命题组成，每个命题的下面又写上对该命题的评注，还有对评注的评注，甚至对评注的评注做出的评注。例如，他的第一页是这么开始的：

1. 世界是所发生的一切。

1.1 世界是事实的总体，而不是事物的总体。

1.11 世界为诸命题所规定，为它们即全部事实所规定。

1.12 因为事实的总体规定那发生的事情，也规定那所有未发生的事情。

1.13 在逻辑空间中的诸事实就是世界。

1.2 世界分解为诸事实。

1.21 每项事情可以发生或者不发生，其余的一切则保持原样。

2. 发生的事情即事实，就是诸事态的存在。

这样的写作格式不论在当时还是现在都显得十分独特，但这并不影响这部著作成为影响整个世界的伟大作品。在这部作品中，维特根斯坦表达了这样的观点：对于世界，我们是可以用严格的逻辑描述进行逻辑表达的，而我们的语言就是世界的反映。而对于不可言说的事物，譬如上帝，我们应当保持沉默。

关于这部在监狱写成的著作，它的出版还有一个故事。维特根斯坦在发表他早期的代表作《逻辑哲学论》的时候，想请他的老师罗素写一篇导言，于是就把原稿交给了他。罗素很高兴地答应了。但当罗素如约把导言交给维特根斯坦后，经过仔细的阅读，维特根斯坦断定罗素没有理解自己的哲学思想。于是他给罗素写了封信，在信中说：

亲爱的罗素教授：

我觉得您写的那篇导言是在没有完全理解我的哲学思想的条件下写的。因此，我认为它不能够和我的著作一起刊印出版。尤其是它不能被译为德文出版，因为一旦您的英文风格的文采被去掉，那么这篇导言就显得十分肤浅，并且充满了误解。

为此，他拒绝将导言和原文一起付印，结果出版商也因此拒绝出版他的书。以至于直到三年后，这本书才得以出版。

完成了这部著作后，维特根斯坦认为他已经解决了所有的哲学问题，于是怀着贵族式的热忱前往奥地利南部山区，投入格律克尔倡导的奥地利学校改革运动，成为一名小学教师。有着理想主义追求的维特根斯坦在这里过着苦行僧般的生活，对学生也充满了热情，然而却被无法理解的家长们视为"疯狂的家伙"。据说他还提出收养其中　个或两个学生的要求，但却被家长们断然拒绝了。直到后来，他逐渐对自己的观点产生了怀疑，这才重新回到了剑桥进行研究，并且接替摩尔成为哲学教授。

脾气古怪的哲学家

维特根斯坦脾气古怪，十分孤傲。他终身未娶，还结交了许多年轻的男性朋友，有许多人怀疑他是个同性恋哲学家。在生活上，年轻时他放弃了自己的巨额财产，因为他不希望有图钱财的朋友。后来，他又时常怀疑他的朋友们跟他交往不是由于感情，而是由于可以从他那里获得哲学的启示。他希望友谊是高尚而纯粹的，他需要不企图从他那里得到任何东西的朋友。而对于任何在他看来冒犯了他的人，他的回击也是令人难以接受的。

维特根斯坦在剑桥大学组织了一个道德科学俱乐部，经常进行学术演讲。有一次，另一个伟大的哲学家波普尔来到这个沙龙演讲，波普尔和维特根斯坦是哲学上的死对头。在来剑桥之前，波普尔就与罗素进行过沟通，做了准备，可谓知己知彼。波普尔这次准备狠狠打击一下维特根斯坦那"反哲学"的"嚣张气焰"。

波普尔演讲的主题是"是否存在真正的哲学问题"。演讲中他指出，我们每天都会面临许多问题，其中有些是经验问题或常识问题，但有些则是哲学问题或道德问题。比如"我们究竟是谁？""我们是否真的能够认识我们周围的世界？""我们死后去了哪里？""为什么说精神是永恒的？"等等。这些问题是无法通过经验得到回答的，只有通过哲学的反思和逻辑的推理才能达到理解这些问题的目的。维特根斯坦对波普尔的这种观点大为恼火，因为在他看来，一切所谓的哲学问题，都可以通过逻辑分析得到消除，最终发现

维特根斯坦家族

它们并不是真正的问题。维特根斯坦不由分说打断了波普尔的讲话，与波普尔展开了约 10 分钟的激烈争论。波普尔不慌不忙，拿出一份事先准备好的哲学问题清单，向维特根斯坦挑战。当波普尔提到道德问题以及道德准则的有效性问题时，维特根斯坦正坐在火炉旁，神经质地摆弄着拨火棍，一听波普尔此问，就忍无可忍地举起正在拨弄火炉的拨火棍，指向波普尔说道："请你给出一个真正的道德问题！"

他的老师罗素不由得大吃一惊，马上冲着维特根斯坦大喊："放下拨火棍。"而波普尔随即反唇相讥："请不要用拨火棍威胁一个受到邀请的客人！"维特根斯坦听后扔下拨火棍，开门扬长而去。这就是哲学史上的"拨火棍事件"。

维特根斯坦将哲学看成了终身的事业，是因为他认为哲学能改变他的生活，使他明白生活的意义。在他看来，其他的一切跟哲学思考相比都不重要。

他的好朋友和老师摩尔晚年得了中风，瘫痪在床，但头脑仍很清醒。摩尔的妻子为了让摩尔能够好好休息，不允许任何人和他讨论哲学问题超过半个小时。

但维特根斯坦去拜访摩尔时，却不肯遵守这一规定，并且和摩尔的妻子大吵起来。他冲着摩尔的妻子喊道："讨论哲学上的问题，也是摩尔的兴趣爱好之所在。如果他真的因为讨论哲学问题而激动，甚至死去，那就让他死好了。因为这是死得其所。"

他的师母顿时感到震惊："你怎么能说这种话呢？我还把你当成摩尔最好的朋友。"

维特根斯坦却回答道："正因为我是他最好的朋友，所以我懂得他的心理。一个人应该用他毕生的精力去从事他擅长的事，绝不应该单纯为了延长生命而放松对工作的努力。"

躺在床上的摩尔听到了他们的对话，把维特根斯坦喊了进去说道："你说得对极了，不论为了什么，我都不能放弃我的哲学。"

维特根斯坦讲课的方式非常独特，他基本上是在自己或朋友的住所里讲课，没有讲稿，也没有笔记，每一课都是新的哲学探索。他总是一边思考，一边讲课，有时甚至会长时间沉浸在思考之中，听课者可以从他那生气勃勃的面部表情看出他的思想正处于激烈的斗争状态。有时他又会突然爆发出一连串的宏论，配合以有力的手势。听过他讲课的人，无不抱有极其深刻的印象。维特根斯坦讲课的时候由于太投入，常常被弄得筋疲力尽。每次讲完课，他最好的解脱方式就是看电影。当班上的学生开始离开时，他就走到一位朋友身边请求说："你能去看一场电影吗？"去电影院的路上，他就买一个面包或者一块馅饼，到了电影院，坐在第一排，一边嚼着一边看电影。不管影片多么庸俗或做作，他总能被吸引到影片上去，这样他的精神就从折磨他和耗尽他精力的哲学思想上解脱出来。

维特根斯坦的一生经历了许多不幸，但也创造了令人惊叹的哲学著作，在他临死的时候，他对着守护在身边的人说："告诉我的朋友们，我过完了极为美好的一生。"

philo s pher

萨特：他人即地狱

我们痛苦，因为我们自由。

——萨特

　　萨特（1905—1980），法国哲学家、作家、评论家，存在主义的代表人物。19 岁入巴黎高等师范学院攻读哲学，后任中学哲学教师。1933 年赴柏林学习。第二次世界大战爆发后被征入伍。1940 年被德军俘虏，次年获释，后参加法国地下抵抗运动。战后，他进行了一系列的社会活动，成为 20 世纪最富影响力的思想家之一。

拒绝诺贝尔奖的文人

萨特幼年丧父，他的外祖父是位语言教师，在萨特的教育上花费了很多精力，他不俗的文学品位深深地影响了萨特。他年轻时就许下志愿，要同时成为"斯宾诺莎"和"司汤达"。斯宾诺莎是伟大的哲学家，司汤达则是伟大的文学家，这也就是说萨特要同时作为一流的思想家和一流的作家为人们所记住。而这居然成了现实。

中学毕业后，萨特考入巴黎高等师范学院（简称"巴黎高师"）就读哲学。这所大学每年仅招 200 余名学生，可以说是专门制造知识精英的地方。从巴黎高师毕业后，萨特成为一所中学的哲学教员。萨特与其他教员不同，他虽长相不佳，但谈吐幽默，为人自然亲切，与学生们打成一片，很快就赢得了学生们的信任和热爱。

尽管萨特的外祖父早就警告过他写作是一个非常不可靠的职业，但萨特还是由衷地热爱写作，并在离开大学后急欲成为一名作家。他的前两本小说《挫败》和《真理的传说》均被拒绝出版，萨特的兴趣便又转向了哲学。他勤奋地工作着，常常是上午读胡塞尔的哲学著作，晚上着手写小说。

1936 年，他将一部名为《忧郁症》的哲理小说交给了著名出版商伽利玛，但这本书再次被拒绝出版。自信的萨特震怒了。万幸的是，在两个朋友的引见下，萨特见到了伽利玛，后者表示他唯一反对的是书名，并建议将书名改为《恶心》。1938 年，《恶心》

出版了，它被认为是萨特所有小说中哲学内涵最为丰富的一本。

虽然萨特仍在一所中学教书，但他的作品越来越多，并广为流传，他已被公认为法国文学界的新星，这终于成就了他成为一名作家的梦想。萨特一生还写了许多剧本，其中《苍蝇》是二战期间通过古代神话传说表达抵抗情绪的剧目，而他撰写并参与演出的《死无葬身之地》更是风靡一时。

最让萨特名声大噪的是他拒领诺贝尔文学奖一事。1964年，萨特凭自传体小说《词语》获得诺贝尔文学奖。提前获知了此消息，萨特立刻给诺贝尔奖的授予者——瑞典皇家学院写了一封信，说明自己的态度，希望对方取消这项决定，否则他会拒绝领奖。但瑞典皇家学院还是继续宣布萨特获得了这项文学的至高荣誉。获奖当天，萨特在餐馆拟写了一份拒授声明，由他的朋友在瑞典驻法国使馆宣读。他说他一贯拒绝官方的荣誉，但他并不讳言，在东西方两大阵营中，他更同情社会主义阵营，他认为诺贝尔文学奖存在着明显的政治倾向性。

由于拒绝了诺贝尔奖，萨特又一次引起了极大的社会轰动，大批的记者开始蜂拥而至。为了避开这些人，萨特躲到了他的情人波伏娃的住处。不久，他接到母亲的电话，她看到一大群记者围在他家门前。过了一会，波伏娃家的门铃开始被按响，铃声一直响到凌晨两点，没有办法，萨特只得走了出来，让记者拍了些照片，简单地说了几句话。第二天早上，萨特一出门，一大群记者又围了上来，并且一直跟到萨特的住处。就在闭门时，萨特回过头来说了一句："我不希望自己被埋葬！"

咖啡馆里的哲学家

萨特的天赋不仅体现在他的文学造诣上，他在哲学上的敏感同样令人吃惊。早在他还在读高中的时候，一天，萨特走进一家电影院看电影，一切都十分平常。但当他走出电影院的时候，看着街上人来人往，到处走动，突然闪出了思想的灵感。这一瞬间，他发现了人生的偶然性，这一发现构成了他一生重要的哲学主题。萨特兴奋地找来了一个笔记本，把这个思想记在了笔记本上。在他看来，偶然性是人生活的最根本状态，每一个人都是无缘无故被抛到这个世界的，他在生活中的种种遭遇都是偶然遭遇到的，这一点构成了萨特哲学的一个理解背景。

在巴黎高师就读期间，萨特阅读了尼采、马克思、弗洛伊德等诸多大师的著作，也做了不少哲学的研究，但他的兴趣始终没有真正放到哲学上去。

萨特真正开始具有他个人特色的哲学研究始于 1933 年，那时萨特 28 岁。一天，研究存在主义现象学的哲学家雷蒙·阿隆对萨特说："小兄弟，你如果是一个现象学家的话，就可以对一杯鸡尾酒大做文章，从中弄出一些哲学来。"萨特闻言激动得脸色苍白，因为"依据自己对事物的接触与感觉来认识事物并从中弄出哲学来"正是萨特梦寐以求的目的，他决定步阿隆的后尘，赴柏林专攻存在主义，从此真正开辟他的哲学之路。此后，他就每天坐在咖啡馆里，时而和他人进行学术讨论，时而专心进行自己的写作，他的许多文学和哲学著作就是在这里写出来的。虽然咖啡馆人声嘈杂，对于许多人来说是一个不方便进行思考的地方，但是萨特却始终喜欢在这里工作。而在浪漫的法国人看来，萨特与他的朋友们在咖啡馆抽着烟斗讨论问题的场景简直就是巴黎最好的文化象征。

咖啡馆里的萨特保持着自己的个性，即便是每天面对着公众的关注，萨特依旧不做过多的打扮，也不耍任何名人派头。据说有一次萨特在咖啡馆里待了整整一天后正准备离开，一个男顾客一直盯着他看，在确认是自己所崇拜的偶像后失望地对妻子说："你瞧，萨特居然也擤鼻涕！"

二战爆发后，萨特应征入伍，但在 35 岁生日那天早上，他被德国士兵俘虏了。从被关押期间，他便开始了构思与写作。在这期间，德国人允许战俘看的哲学书仅有海德格尔的《存在与时间》，这本书也就成了他仅有的参考书。九个月后，他获得了释放，回到被纳粹占领的巴黎，并完成了他最重要的一部哲学著作《存在与虚无》。在这部书中，萨特阐述了"人的存在是自由的"这一命题。无限的自由、无限的责任和虚假信念的徒劳是萨特后期著作最为重要的三个论点。他的另一著作《辩证理性批判》则以人学辩证法为结构框架，以历史学、政治学、人类学、社会学和心理学等方面的内容构筑出一门新的学科——人学，在西方思想史上具有划时代的意义。

在写作《存在与虚无》的时候，由于巴黎处于纳粹占领下，条件极其艰苦，萨特经常填不饱肚子。1942 年夏天时，萨特有一次连续几天没有吃饭。当他到了一位朋友家，洗完澡后就冲向了餐厅，但只喝了几勺汤就昏了过去。他在床上躺了三天，其间吃了点儿送来的汤和水果，倒头又睡，这样才完全醒过来。当时巴黎电力供应也不足，萨特的房间一到冬天就冷得没法住，只好每天到一家叫"弗洛"的咖啡馆去，他的整个写作都是在那里完成的。萨特烟瘾还很大，不抽烟几乎没法思考。但当时巴黎香烟也奇缺，萨特只好每天跑到咖啡馆门口的路旁拣烟头，再把包烟头的纸撕开，从中抖出剩下的一点点烟丝倒在烟斗里抽。就在这么艰苦的环境下，萨特还是坚持把这部伟大的学术著作完成了。

在欧洲，萨特的影响可以说是上至教授学者，下至普通百姓。1945 年 10 月 28 日，萨特在现代俱乐部做了著名的《存在主义是一种人道主义》的演讲，听众汹涌而至，会场挤得满满的，许多人无法入场，于是发生猛烈拥挤，有好几名妇女挤晕在地。

萨特的哲学著作虽然充满了术语，但他的思想可以变成价值观应用于日常生活，应用到每一个普通人身上。而且他的哲学思想广泛地蕴含在他的小说、戏剧以及传记作品中，这使得他的学说更加深入人心，也为他赢得了能够和柏拉图、亚里士多德等大师比肩的地位。

风流的思想家

萨特是一个写作非常勤奋的人，他从来不放松自己，工作时总是坐在硬椅子上，从不坐有扶手的安乐椅，也从不躺着看书。

为了提高写作速度，他还大量服用兴奋剂。但他并不是一个书呆子，他的工作速度惊人，总能找出时间旅行或度假，享受喝咖啡的乐趣并不停地演绎风流韵事。

萨特身材矮小，四岁时的感冒使他右眼几近失明，肌肉的协调能力也丧失，后来他的脸上长了许多麻子，萨特把自己描绘成"癞蛤蟆"。他有意识地锻炼肌肉，学习拳击，培养富有魅力的人格。由于拥有一副好嗓音、不俗的谈吐以及丰富的学识和幽默感，他总能博取漂亮女人的青睐。让萨特更加出名的是他和另一位存在主义哲学家波伏娃的关系。

1929 年，波伏娃和萨特同时参加法国哲学教师资格考试，口试成绩萨特第一名，波伏娃第二名。这次考试首次将他们的名字联系在一起，从此以后，他们的名字再也没有被世人分开谈论过。波伏娃和萨特是一对没有婚姻的终身伴侣，他们是契约式婚姻的实践者。

1929 年时，波伏娃 20 岁，萨特 23 岁。某个午后，他们一起看完电影，萨特对波伏娃说道："我们签个为期两年的协议吧。"契约式婚姻宣告诞生。萨特解释说，两人不必结婚，但又是亲密的生活伴侣，真诚相爱的同时，各自保持着爱情的独立自由。不久，他们又达成了另一个协议："双方不应互相欺骗，而且不应互相隐瞒。"即是说他们彼此的"偶然爱情"都应该毫无保留地告知对方，双方都有爱其他异性的权利。这两个协议，他们竟然实行了一辈子。

萨特不赞成结婚，主张两性关系的多伴侣化，反对婚姻的静止性，多方接纳来自异性的诱惑。他希望与波伏娃共同建立一种自由、平等、相互信任、相互给予的超越传统的爱情关系。萨特曾经跟波伏娃说过："我们之间的爱，是一种真正的爱。但是，如果我们能同时体验一下其他意外的风流韵事，那也是件乐事。"

波伏娃说道："我们两人的观点一致。"波伏娃还说过："我们毫不怀疑地根据自己的意志行事，自由是我们唯一遵循的原则。"

波伏娃是个双性恋者，她的一个女学生曾经是她的同性恋对象，据说这个女学生也同时是萨特的情人，三个人共同享受这种情谊，却互不妨碍。

波伏娃和萨特一直租住在巴黎的旅店里，但并不同房居住，一个住楼下，一个住楼上。生活也是有分有合的，既有在一起的时间，更有属于自己的空间，但就是没有长期同居过。而且，他们一生都是这样度过的。他们后来各自买了房子，更是各住一处，只不过相距很近。可他们的爱情关系处理得很好，50年的相处只有一次在不和中分手。

1980年4月15日，萨特逝世。1986年4月14日，波伏娃逝世。两人的遗体同葬在蒙巴纳斯公墓。在萨特和波伏娃开启协议契约式婚姻70年后的1999年，法国通过了一项"亚婚姻"立法：男女只需正式办理契约合同而不用办理结婚手续，即可以成为契约式生活伴侣。据说，今天法国已有数万对这样的亚婚姻生活伴侣。这种介于婚姻与同居间的新型爱情关系，真可谓是萨特和波伏娃当年契约式爱情的回声。

不安分的政治活动家

　　萨特年轻时并不关心政治，这在具有优良政治参与传统的法国知识分子中较为少见。当时法国的知识分子多数都有明确的政治倾向，左翼大都参加社会党或共产党，右翼则多有宗教信仰。萨特没有明确的政治信仰和党派倾向，也不根据政治态度来交朋友。但不经意间，他交的朋友几乎全是左翼的知识分子。

　　第二次世界大战打响之后，萨特被征入伍。战场上的见闻和被俘后的经历使萨特开始反思自己之前的政治态度。回到巴黎后，萨特组织了一个"社会主义与自由"的抵抗小组，进行反法西斯宣传。后来他又参加法国共产党的抵抗组织，为反法西斯斗争做了不少的贡献。

　　战后，萨特开始积极地参与社会政治活动，他提出作家应当通过作品介入政治。他的口号是"我们必须为我们的时代而写作"。战后，萨特站在左派的立场上，进行各种政治活动。他发表文章批评当局，为殖民地人民的民族解放运动和发达国家人民争取自由的斗争呐喊助威，他还前往苏联、古巴和中国进行参观，对新兴的社会主义制度提出了宝贵的意见和看法。

　　后来，萨特的祖国——法国发动了对阿尔及利亚的殖民战争。萨特勇敢地站出来反对自己的祖国，他参与签名支持《关于在阿尔及利亚战争中有权不服从命令的宣言》，还在自己主编的杂志上发表反战文章。这些行为招来了当局的严重不满，法国政府禁止萨特上电视或者广播做节目，还没收了好几期他主编的杂志。

更为恐怖的是，法国右翼还组织了 5000 名退伍老兵在香榭丽舍大街游行示威，高喊："杀死萨特！"当时许多法国人在狭隘的民族主义情绪驱动下，也视萨特为叛国者。他去饭馆时，不少顾客对之表示敌意。一些极端的右翼分子还在萨特家制造爆炸，不过所幸没有造成人员伤亡。但萨特没有被这些威胁吓倒，他持之以恒地为阿尔及利亚的独立而斗争，直至这一天最终到来。

此外，萨特还参与了对越南战争的批判、反对苏联侵略捷克斯洛伐克、支持 20 世纪 60 年代学生运动等诸多政治活动。直至他去世之前，萨特都保持着自己对于政治积极干预的态度，为世界和平、民主的真正实现而斗争。

萨特死后，法国总统希望为他举行国葬，但遭到了波伏娃和其他朋友的拒绝，因为他们认为这违反了萨特生前的遗愿。1980年 4 月 19 日，萨特葬礼举行，法国民众自发为萨特送葬，人数达 5 万之多，多数是年轻人，形成了一个浩浩荡荡的人的海洋。送葬过程中，人们情绪激昂，但秩序井然。萨特让自己的去世变成了最后一次辉煌的政治活动。

存在先于本质

存在先于本质，这句著名的命题被萨特看作存在主义的第一原理。这个命题实际上即是说人的本质是自由的。以往的思想家总是想当然地为人规定出本质，譬如：人是理性的动物，人是受欲望支配的动物，人是机器，等等。但在萨特看来，这些都只是对人某一方面特性的概括，人可以是理性的，也可以是非理性的，人可以是受欲望驱动的，也可以严格控制自己的欲望。世间形形色色的人有成千上万的区别，怎么可能用一个简单的定义将人的本质概括出来呢？萨特认为，人首先是一个单纯的自由的人，人的本质、人的其余的一切无不是后来人自己选择出来的。而其他事物则不一样，以剪刀为例，在剪刀被生产出来之前，它已经就被赋予了剪裁的目的和功能，因此剪裁是剪刀的本质。但人不一样，一个人成为商人、政治家、体育明星这种种可能都是由他后天的选择决定的。因此人的本质是人选择出来的，是人活出来的，自然是后于人的存在了。

正因为如此，萨特特别强调人的自由。他说："如果你意识到自己是自由的，那上帝就什么都不是了。"他认为人总是自由的，因为人总是在做出选择，人生不断地给予每一个人选择的机会，即便你不选择也是一种选择。二战期间，有一位青年给萨特写信，国难在即，但家中的老母亲又孤寡一人，他不知道是该上战场去为国效力还是留在家中照顾母亲。萨特给了他一个在常人看来算不上回答的回答，他说："你是自由的，因此，自己去做出选择，也就是去创造自己吧。"因为在他看来，不论是英勇地抵抗德国人的游击队员，还是为了保全自己和家人而不去抵抗的普通人，他们无不在自己进行着选择，没有也不应当有一个普遍的道德要求来限制人，一切都由自己决定。但自由并不意味着任性，萨特认为，虽然人是绝对自由的，但是人也必须对自己的行为绝对地负责。而且正是因为你的选择是自由的，你才需要对自己的行为负责。一个奴隶是不需要为自己的任何行为负责的，因为他没有自由。对于那个青年来说，如果他选择了上战场，他能成为一个英雄但也面临着死亡的危险；如果他选择了留在家里，他能照顾母亲但却有可能被人责骂是懦夫。因此，自由并不能给人带来快乐。由于我们始终要承担一切后果，自由也就变成人生痛苦的源泉了。

philo**so**pher

马克斯·韦伯：宣告众神时代的来临

世界不再令人着迷。

——马克斯·韦伯

马克斯·韦伯（1864—1920），德国社会学家、哲学家，现代社会学奠基人之一。韦伯的知识范围和学术研究视野非常广泛，从经济、政治、法律、宗教、音乐等社会生活领域到社会科学方法论都有重要成果，对西方学术思想的发展有着深远的影响。他与卡尔·马克思、爱因斯坦一起被称为"对世界历史产生巨大影响的三个德国人"。

影响世界的小人物

马克斯·韦伯无疑是个影响了世界的思想巨人，如今无论在哪个国家，只要是研究社会学，就必然会涉及马克斯·韦伯的著作。但在他生前，他的名声却远逊于身后，并且由于一些特殊的原因甚至不为他故乡的德国人所看重。一直到20世纪60年代，由于美国一些学者的发掘，韦伯的理论才重新为人们所重视。此后，对韦伯的研究越来越多，这座庞大的思想矿山终于为人们所发现和广泛利用。

有一个事实或许可为韦伯声誉的巨大变化提供一个有趣的注脚。慕尼黑市有一个"马克斯·韦伯广场"，人们以为这理所当然是为了纪念这位社会学家的。但事实上，这个广场最初是为了纪念一位也叫马克斯·韦伯的慕尼黑市议员，他死在思想家马克斯·韦伯之后。后来在慕尼黑大学社会学系任教的贝克教授建议将这个广场只以思想家马克斯·韦伯的名字命名。在参考了贝克等人的建议后，慕尼黑市政府终于做出决定，"马克斯·韦伯广场"是为了同时纪念社会学家马克斯·韦伯和市议员马克斯·韦伯而命名的。

韦伯生前生活并不如意，他曾想参加政治，希望成为一个政治家，试图在选举中一展抱负。在1919年1月的国民议会选举中，法兰克福选区提名韦伯为民主党候选人，但没成功。他自己申请成为国会候选人没有得到同意。后来有人考虑让韦伯做内政部国务秘书，还有人提议让他做驻维也纳大使或者民主党委员会委员，但韦伯最终没有获得任何职位。他只是作为 13 位成员之一，参加了一个非官方机构，负责就制定宪法草案问题向内政部提供咨询建议。

在学术上，他在大学教书多年，但长时间是见习讲师，正式当上教授的时间不多。他热衷于社会学，但大学要求他只讲经济学和政治学，他只好在讲政治学和经济学的时候插入自己社会学的研究。

韦伯还患有精神分裂症，曾经一度被迫离开岗位去疗养院休息。他与家人的关系不好，和妻子常年没有性生活，与他的父亲关系更是极其恶劣，就在他父亲去世前两个月，韦伯还与他父亲大吵了一场。这场没有和解的争吵最终成了韦伯终身的遗憾。

众神时代

韦伯是一个对现代社会提出深刻见解的哲学家。他指出现代社会与古代社会的区别，并不仅仅是在时间先后上的不同，而是从本质上发生了深刻的变化。

韦伯将现代社会叫作众神时代的重新降临，所谓众神时代是指原有的统一的价值观消失了。在现代社会并不存在也不需要一个被所有人共同信仰的价值观念，但是整个社会仍然通过官僚制度和技术手段紧密地统一起来，人与人之间的关系却不再拥有共同信仰基础。在韦伯看来，传统社会的一大特征就是整个社会信仰一种统一的价值观，比如西方社会对基督教的统一信仰，中国社会对儒教的统一信仰，这被他称作一神时代。而资本主义的兴起，从根本上打破了这种共同信仰的时代基础，它不再是用一个另外的神来取代原有的神，而是彻底宣布众神时代的到来。每个人都可以拥有自己独特的价值追求，但能够同时为社会所容纳，这是现代社会的一个本质特征。

基于这一分析，韦伯提出著名的价值中立的观念。在他看来，在现代社会，各种价值观共同存在，也无法判定哪一种价值观能比其他的价值观更加高明。因此，作为学者，在研究过程中应当不受到价值判断的影响，而要客观、公正地去进行研究，做到价值中立。在一次演讲中，他明确地提出教师在授课时不应当用自己的价值倾向去影响学生，教师的作用只能是告诉学生有哪些价值观念，但不应当告诉学生应当去选择哪一种价值观念。

韦伯对现代社会抱有一种颇为失望的心态，在他的代表作《新教伦理与资本主义精神》中，他最后写下了这样 段被人们经久传诵的段落：

没有人知道将来是谁在这铁笼里生活；没有人知道在这惊人的大发展的终点，会不会又有全新的先知出现；没人知道会不会有一个老观念和旧思想的伟大再生；如果不会，那么会不会在某种骤发的妄自尊大情绪掩饰下产生一种机械的麻木僵化呢？也没人知道。因为完全可以这样来评说这个文化发展的最后阶段："专家没有灵魂，纵欲者没有心肝；这个废物幻想着它自己已达到了前所未有的文明程度。"

在韦伯看来，由于现代社会不需要一个统一的价值观念，人类的生活方式越来越趋向于工具化。人越来越像一台机器一样，每日按照社会的准则去生活，但却缺乏精神上的追求和信仰。人们越来越只考虑到现实，天堂和地狱被人们视为虚妄。科学在惊人地发生着进步，经济每一天都在不断增长，但人类的精神追求却越来越浅薄、越来越虚无，最终只剩下精神的荒漠。这种现象令韦伯感到深深的担忧，他只能抱着一种悲观的心态来面对世界的未来。

蒯因：从逻辑的观点看

科学哲学就是全部哲学。

——蒯因

蒯因（1908—2000），美国当代著名哲学家、逻辑学家，20世纪美国分析哲学的主要代表人物之一，以创立和倡导"逻辑实用主义"而著名。蒯因主张哲学不应该去探究是否与客观事实相符合，而应当寻找一种方便的语言形式和概念框架，以是否方便有用为取舍。

求真的哲学家

《真之追求》是蒯因的一部重要著作，也是对蒯因整个哲学人生的概括，蒯因就是要沿着维特根斯坦开创的语言哲学的路径寻找到一条求真的哲学道路。

年轻时，蒯因深受维也纳学派的影响，是一个逻辑实证主义者。20世纪40年代的时候，他首次阅读到弗雷格的著作，弗雷格是现代逻辑的真正创始人。从此以后，蒯因对弗雷格异常推崇，他甚至根据一本逻辑书封面上一张一英寸大小的弗雷格画像，用钢笔画了一张很大的弗雷格像。

蒯因的治学态度极为坦诚。他曾有一部著作《语词和对象》，有人称它是20世纪两部影响最大的哲学著作之一。当年，蒯因把装着这本书书稿的皮包挂在屋门的挂钩上，对家里人说，如果着火，这是第一件要拿出去的东西。可见这本书凝聚了他多少心血，他对这本书又是多么重视。用他儿子的话说，那时蒯因的态度使他体会到了"某种重要的东西"。然而，到了晚年，蒯因的一些学术观点发生了改变，在他看来，这部书中许多观点并不足够正确。于是在与一个教授交谈的时候，他又表示这部书不属于他最喜欢的，他更喜欢自己写的那些逻辑教科书。甚至在送给另一位教授的那本《语词和对象》上蒯因这样写道："送给波特，但是不送他可能会更好。"

有时候，蒯因又显得过于坦诚，结果带来了一些不必要的麻烦。他的儿子是计算机专家。但蒯因却在自己的日记里写道："计算机确实使事情做慢了，但是必须要说，它们为一些人创造了就业机会，否则这些人就会失业。"结果引发了父子间一场不必要的争论。

在哈佛大学，教授在退休的时候有一个仪式：学校会有一些老师来听他的一堂课。这个仪式比较正式，参加者衣冠楚楚。由于蒯因是著名教授，因此在他 1978 年退休的仪式上来了许多人，包括哈佛大学的一些领导和知名人士。但蒯因居然就在这么具有纪念意义的一节课上，慢悠悠讲起了上节课留下的逻辑习题。该干什么，就干什么；不受外界干扰，不为他人所动。这就是蒯因的治学特点。

从逻辑的观点看

《从逻辑的观点看》是蒯因的一部重要著作，但这部著作的名字，却是源自一首当时的流行歌曲。据说当时蒯因刚刚完成了这部著作，但却为想一个好的书名头痛万分。这天他去一家夜总会散心，听到舞台上传来当时流行的小调："从逻辑的观点看，找老婆要找个丑老婆。"蒯因一下子大受启发，回去之后就将这部影响深远的著作定名为《从逻辑的观点看》。

从逻辑的观点看，可以说是蒯因整个学术的出发点。20 世纪的主流哲学是分析哲学，分析哲学有一句响亮的口号：哲学的根本任务是对语言进行逻辑分析。用蒯因的话说，这种哲学的特征就是"越来越频繁地使用"现代逻辑,"越来越关注语言的性质"。蒯因是哲学家,也是逻辑学家,他的著作集中体现了分析哲学的根本特征。

蒯因曾经说过一句名言:"人们出于两个原因研究哲学,一个是对哲学史感兴趣,另一个是对哲学感兴趣。"按照蒯因的想法,哲学在逐渐成为一门科学,哲学史上的许多问题已经被发现是错误的提问。因而,在他看来,当代的许多哲学家所关注的哲学问题实际上已经不能算是哲学问题了,而只能算是哲学史问题。这就像当代的物理学家已经不需要继续阅读牛顿的著作一样,在蒯因看来,学习哲学的人也不需要去过多地学习哲学史。这种观点对于哲学家无疑是惊世骇俗的,因为长久以来,人们都认为学习哲学就是学习哲学史。众多当代的哲学家无不强调哲学与科学的不同。但在蒯因看来,这些都是错误的观点,哲学应当发展成为一门科学,这是以他为代表的分析哲学家长久以来的心声。

philosopher

福柯：追求欲望的后现代大师

只要男人和男人的婚姻不被承认，就谈不上什么文明。

——福柯

福柯（1926—1984），法国后现代主义大师。他自称是"思想系统的历史学家"，对文学评论及其理论、哲学、批评理论、历史学、科学史（尤其医学史）、批评教育学和知识社会学有很大的影响。

不一样的知识分子

1984 年 6 月 25 日中午，一个惊人的消息如闪电般传遍巴黎知识界。电台和电视台宣布："福柯去世了。"当时福柯还不到58 岁。

福柯去世当天晚上，他的姐姐弗兰仙和德菲尔（福柯的男性伴侣）到医院挂号室办理手续时，看到病历上的死亡原因一栏里写着"艾滋病"。

福柯死于艾滋病的传闻不胫而走，四下流传。他的一些追随者试图保护他。《解放报》头版以整版篇幅发表福柯的照片和悼念福柯的文章，其中一段文字反驳传言："福柯尸骨未寒，谣言就蜂拥而起。福柯被说成死于艾滋病。似乎一个杰出的知识分子，因为是同性恋者，尽管极其谨慎，但也必然是这种时髦疾病的侵害对象……似乎福柯死得不体面。"可惜，所谓的谣言恰恰是事实，而掩盖和辟谣恰恰反映了当时人们对艾滋病的恐惧和对福柯的爱戴。

在世人眼里，哲学家，应当是充满智慧、风度翩翩，在课堂上高谈阔论的知识分子形象。但与众多衣冠楚楚的学者型哲学家相比，米歇尔·福柯绝对是个"怪胎"。他剃着光头，穿衣随便，在公共场合也时常做出一些异于常人的举止。福柯不满足于过常人的生活，他有一句名言"人死了"，这可以说是继尼采的狂言"上帝死了"之后又一惊世骇俗的语录。福柯认为，当我们去探寻人的本质的时候，往往就会忽略掉许多丰富多彩的可能。而人应该是自由的，是复杂多元的，因此不应当给人做出一个本质规定，摆出架子来教育人应该怎么活。他的一生，就是在生活方式上的努力尝试与探寻。他不相信人有一个应该怎么活的要求，而是应该过自己想过的生活，他拒绝社会与他人对自己的要求。

在生活上，福柯十分地放纵。他早年就开始吸毒，曾患有很深的毒瘾。他曾在自己家的阳台上种过大麻，还去参加瘾君子的聚会。他曾描述吸毒后的快感说："我能想到的唯一可以和这种体验相比的就是和陌生人性交。"在巴黎高师读书期间，福柯还患有抑郁症，曾经两次试图自杀。第一次试图用刮胡刀割开自己的胸膛，第二次试图通过吃安眠药自杀。1978 年的一天，福柯吸毒后穿过自己公寓前的街道，已经陷入迷幻状态的他根本看不清路，被一辆路过的小汽车撞到，差点死去。但他并没因此而有丝毫的改过，他甚至怀念那个时刻。

同时，这位法国最高学术殿堂法兰西学院的院士，是一个同性恋，还是个性虐待爱好者。他常年流连于旧金山的性虐待场所。据说他对性虐待的爱好极其强烈，以至于一位曾十分喜爱他的男士因为无法忍受而离去。福柯有一位相交达半生之久的伴侣丹尼尔·德菲尔，他们关系密切，互相热爱对方。但他们又并不要求性的专一，福柯从来都是拥有众多的性伙伴的。虽然，最终由于同性恋和性滥交，他失去了生命，但他并不后悔。在他得知自己的病症之后，他依然对自己的朋友说："另外，还有比为那些可爱的男孩献身更美好的事情吗？"

话语就是权力

当然，福柯绝非是一个只知道放纵自己、整日沉浸在声色犬马中的花花公子，他积极地参加社会活动。早在20世纪60年代，他就参加了法国的学生运动，请愿、游行、示威，有时还会被警察打。20世纪70年代的福柯则运用自己的声望支持旨在改善犯人人权状况的运动，并亲自发起"监狱情报组"以收集整理监狱日常运作的详细信息，他在维护移民和难民权益的请愿书上签名，与萨特一起出席声援监狱暴动犯人的抗议游行，冒着危险前往西班牙抗议独裁者佛朗哥对政治犯的死刑判决……

所有这一切都促使他深入思考权力的深层结构及由此而来的监禁、惩戒过程的运作问题，这些思考构成了他在学术上探索的主题。

福柯的研究涉及面非常之广，其中最为重要的主题当属话语与权力的关系，即权力话语理论。话语，就是我们日常使用的语言，说出来或者写出来的都是话语。在福柯看来，我们的说话并不寻常，权力与之息息相关。他仔细考察了知识的起源、发展和结构。他把自己的工作称为知识考古学，他试图找出话语是如何通过权力成为知识，并且发挥其社会作用的。这一理论简单来说就类似于我们所说的话语权，在福柯看来，在一个社会或者一个学科里，谁能说话、说什么样的话实际上代表着权力的关系，而话语通过知识的形式冒充为真理，可以执行某种社会功能。福柯谈到过对疯狂态度的变化。据他考证，在 1500 年之前，"疯狂"被视为褒义词，通常认为这种人是极具眼光的。但后来疯狂却被视为需要社会治理和约束的疾病。在这一过程中，最大的变化并不是疯狂本身的变化，而是社会权力变化带来的对于疯狂的不同理解。

福柯的理论向我们表明绝对的真理并不存在，一切知识都应当在具体的历史环境下加以理解。同时也向我们表明，语言并不是那么纯净，在我们使用语言的时候，我们始终处在某种权力关系之下。就像福柯自己说的那样："你以为你在说话，实际上是话在说你。"

弗洛姆：自由的囚徒

弗洛姆（1900—1980），美籍德国犹太人，哲学家、心理学家，新弗洛伊德主义的创始人。出生于法兰克福一个犹太商人家庭，童年的孤独和成年后一些不愉快的经历促使他要从哲学上找到这一切问题的答案，从而使他走上了哲学研究的道路。弗洛姆一生著述颇丰，主要著作有《逃避自由》《爱的艺术》《马克思关于人的概念》《在幻想锁链的彼岸》等。他认为，自由给人类带来了独立和理性，但同时又使人陷入孤独、充满忧虑、软弱无力。

孤独的童年

1900 年 3 月 23 日，弗洛姆出生在德国美茵河畔的法兰克福，这是德国的政治、经济、文化中心之一。他的父亲是一位犹太酒商，生活在这样一个正统的犹太人家庭中，在他看来，周围环境就像是一个中世纪的世界。然而，正是在这个世界中，弗洛姆形成了自己的传统，有了自己的理想和崇拜的对象。"我所生活的那个世界，一半是古老的，因为它具有真正犹太人的传统；一半是现代的，因为我是在德国上学，在法兰克福，因而我又具有当时每一个德国青年所具有的东西。但是，我仍然很孤独。不仅因为受到德国人的另眼看待，还由于我所生活的那个传统古老的世界。"

弗洛姆感到孤单，主要还是因为家庭的原因。首先他是独子，而且父母是老来得子。他的父亲性情暴躁，只知道为了赚钱而生活，母亲则整天郁郁寡欢、情绪低落，这都让小弗洛姆感到寂寞和困扰。另外，他因为自己的父亲是一位商人而感到羞愧，在他看来，商人只知道为赚钱而活着。于是他变得很孤独，总是期待有什么东西能将他解救出来。

在弗洛姆 12 岁的时候，发生了一件对他刺激很大的事情。他认识了一位 25 岁的姑娘，是一个漂亮又富有魅力的画家。但她订婚不久就解除了婚约，总是陪着她那位丧妻的父亲。在弗洛姆看来，她的父亲就是一个其貌不扬、索然寡味的老人。后来她的父亲去世了，这个姑娘不久以后也自杀了，并留下遗嘱说要和父亲葬在一起。这个消息极大地震惊了弗洛姆。"我从来没有听说过俄狄浦斯情结，也没有听说过女儿和父亲之间的乱伦之恋，但这件事深深触动了我。"也许正是因为这个原因，使得弗洛姆在大学一接触到弗洛伊德的学说，就对它产生了浓厚的兴趣，因为他想从中找到解决自己困惑的途径。

战争与成就

1914 年夏天，第一次世界大战爆发了，当时弗洛姆年仅 14 岁。他从自己的亲身经历中萌发了很多的问题，战争使他感到疑惑和苦恼，促使他思考人类行为的根源，于是他走上了探索人性和社会生活规律的道路。弗洛姆说："正是第一次世界大战，而不是别的任何事件决定了我的成长道路。"在他后来的学习中，更进一步看到了社会历史环境及其发展对个人人格和行为的深刻影响。由于社会文化力量的重要性，那么就应该去分析这个社会的结构，从而理解社会中的人格结构。

1929 年，弗洛姆回到法兰克福，在法兰克福精神分析研究所任教并从事心理治疗，他一生的研究工作便和法兰克福学派结下了不解之缘。法兰克福学派是现代西方哲学和社会学中一个影响较大的学派，其宗旨就是以人道主义、人性论为基础，从政治、经济、哲学、宗教、心理学和文学艺术等各个方面对当代工业社会展开全面的批判。弗洛姆正是在这一学派的影响下，开始关注群体的命运和宏观的社会趋势。他把性格分为两个部分："社会性格"和"个人性格"。"社会性格"是性格结构中的核心，为同一文化群体中一切成员所共有。"个人性格"体现为同一文化群体中各个成员之间行为的差异。在他看来，性格是受特定社会文化背景影响而形成的，而一旦形成了性格特性，又会推动社会进程。举个例子，有一个小店主，他有强烈的积蓄冲动，并且憎恨浪费，对于他来说，想生存就必须节俭，那么这种冲动对他就大有帮助，这便是性格的经济功能。此外，有积蓄欲的人是其性格使然，如果他能按自己的欲望积蓄，他还会在心理上得到极大的满足，这就是性格的主观功能。"在一个社会中，如果大多数人的性格，即社会性格，转化为个人在社会中必须履行的客观职责，人的精力就会变成生产力，成为社会运转不可或缺的力量。"其实，这是弗洛姆提出的对理想社会的要求，即一旦某些需求在性格结构中发展起来，所有与这些需求一致的行为既能使人获得心理上的满足，又能使人在物质上成功获得实际利益。只要一个社会能够同时满足个人的这两种需求，那么就是这样一种局面：心理力量会黏合社会结构。作为法兰克福学派主要代表人物之一的弗洛姆，着重从心理学的角度入手，用精神分析理论来解释和批判当代工业社会的各种现象。在这方面，弗洛姆受弗洛伊德的影响，他曾一度是弗洛伊德的"粉丝"，然而却并不完全赞同弗洛伊德的"无意识性本能学说"，他不否认人性的历史性，十分重视社会、文化因素对人格发展的影响。

此外，弗洛姆还深受马克思著作的影响。在他看来，马克思主义实际上是一种人道主义，人的解放和人性的张扬始终是马克思关注和研究的重点。弗洛姆曾经说："马克思认为，社会主义的目的就是人的解放，而人的解放同人的自我实现一样处在人跟自然的生产性相关联、相统一的过程之中。社会主义的目的是使人的个性得到发展。"与弗洛伊德不同，马克思对人性的认识，是从人与自然的基本关系，即劳动入手的。如果说在对人性及人的本质的认识上，弗洛姆是融合了马克思和弗洛伊德的话，那么在社会批判方面，弗洛姆则更多地吸收了马克思的思想。

1934 年，弗洛姆为了逃避纳粹的迫害，定居美国并加入美国国籍。他到美国后，先后在许多著名大学和研究机构任职。在弗洛姆执教和研究过程中，他慢慢将自己的思想融入自己的人格理论中，他将性格划分为两大类：生产的倾向性和非生产的倾向性。前者是健康的性格而后者是不健康的、病态的性格。生产的倾向性就是弗洛姆心中的理想人格。生产性的人是人类发展的一种理想境界和目标。

非生产的倾向性可划分为四个类型：

接受倾向性。这种人没有生产和提供爱的能力，他所需要的任何东西完全依赖别人，是被动的接受者。

剥削倾向性。这种人并非依赖自己进行生产和创造，而是从他人那里索取东西，对他人进行攻击或榨取，喜欢利用人。

贮藏倾向性。这种人通过贮藏而获得安全感，他们的哲学是"资产和财富就是安全"，他们与人疏远，人际关系表现为退缩。

市场倾向性。这种人在各个方面表现为随雇主的需要而变化的性格特征，弗洛姆认为，这种类型的人有丧失个人独特性而变成纯粹机器人的危险。

以上四种非生产的倾向性性格只是"理想类型"，而不是对某一特定个体性格的描述，即这样的划分不是绝对的。弗洛姆认为，非生产性人格或多或少地存在于每一个人身上，而我们所要做的就是增加生产性人格的因素。

弗洛姆心目中理想的生产性人格，是一种重给予和奉献的人格特征。而他倡导的是将每一个个体的性格培养为与社会性格相一致，如此能够让个人在满足自己需要的同时也推动社会的进程。要达到这两个目的，弗洛姆提出了他格外重视的社会因素和手段，那就是教育。弗洛姆认为，教育的社会功能在于使个人具备将来在社会中所扮演的角色的特性，就是把个人的性格塑造得与社会性格相近，使个人的欲望与其社会角色的必然欲求相一致。所有社会的教育制度都决定于这种功能。

毒蛇的小屋

在美国，曾经有几个学生向弗洛姆请教：心态对一个人会产生什么样的影响？弗洛姆微微一笑，什么也没说，就把他们带进一间黑暗的房间。在他的引导下，学生们很快就穿过了这间伸手不见五指的神秘屋子。接着弗洛姆打开了屋子里的灯，此时，学生们才看清楚屋子里的布置，不禁吓出了一身冷汗。原来这间屋子的下面是一个很大很深的池子，里面蠕动着各种毒蛇，包括一条大蟒蛇和三条眼镜蛇，有好几条毒蛇正高高地昂着头，朝他们"嗞嗞"地吐着芯子。就在这蛇池的上方搭着一座很窄的木桥，他们刚才就是从这木桥上走过来的。

弗洛姆看着他们问："现在你们还愿意再次走过这座桥吗？"大家你看看我，我看看你，都不作声。过了片刻，终于有三个学生犹犹豫豫地站出来了。其中一个学生一上去，就异常小心地挪动着双脚，速度比第一次慢了好多倍；另一个学生则战战兢兢地踩在小木桥上，身子不由自主地颤抖着，才走到一半就挺不住了；第三个学生干脆弯下身来，慢慢趴在小桥上爬过去了。

弗洛姆笑了："我可以解答你们的疑问了，这座桥本来并不难走，可是桥下的毒蛇对你们造成了心理威慑，于是你们失去了平静的心态，乱了方寸，慌了手脚，表现出各种程度的胆怯——心态对行为当然是有影响的。"

梦是无需翻译的

弗洛姆对弗洛伊德释梦的著作相当熟悉，他在美国芝加哥分析学院工作期间，他的一个助手塔木德对弗洛伊德《梦的解析》的问题很感兴趣。

有一天，塔木德到弗洛姆的工作室去见他。

"弗洛姆教授，我昨天接待了一个年轻的妇女，她对我讲述了一个奇怪的梦。"塔木德说。

"她做了一个什么梦？"弗洛姆显得也很感兴趣。

"她说在梦中，她挽着丈夫的手在门口散步，看见一辆马车刚好停在她家门口。突然，马车门开了，两个警察从马车里跳了出来，径直向他们走来。警察走到她面前，向她出示了他们的证件和拘捕证。她还没有发问，警察就把她推向那辆马车。那时，她要求和丈夫说几句话，交代一些事情再去警局，可是那两个警察不同意……到了警局，他们指控她犯了'杀婴罪'，怀疑她杀死了自己的亲生儿子……她听到这个指控后非常生气，向警察高声喊叫，于是就醒了。"塔木德绘声绘色地描述了那个女人的梦。"确实是一个有趣的梦。"弗洛姆点点头说。"后来，她问我这个梦是否预示着一些什么。""那你是怎么对她解释的呢？"弗洛姆问塔木德。"我问她：'你希望被警察拘捕吗？'她回答说不希望，好端端的一个人怎么会愿意自己去找那些麻烦呢？"塔木德露出非常疑惑的表情说。"那你有没有问她，为什么警察要指控她犯有'杀婴罪'呢？"弗洛姆问。

"我问她了，她说：'怎么可以想象我会自己杀死自己的儿子呢？'我对这个问题也不明白，所以过来请教您。""这个梦是不需要解释的。"弗洛姆说。"可是，弗洛伊德不是说，所有的梦都表达了做梦者的一种愿望吗？"塔木德是弗洛伊德的忠实信徒。

"我觉得，弗洛伊德的这个原则可以解决许多做梦者的问题，但是它不能解释所有做梦者产生梦的原因。"弗洛姆虽然对弗洛伊德很崇敬，但是在研究过程中经常会提出一些不同的见解。

"弗洛伊德说'一个没有翻译的梦就像是一封没有拆开的信'，那个妇女的梦究竟应该怎么翻译呢？"塔木德问。

"弗洛伊德用翻译这两个字眼，实际上并不是非常准确，梦不需要翻译。梦语有自己的语法和形式，它不可能和现实世界的词语完全一一对应。"弗洛姆显然对弗洛伊德的"翻译说"存有异议。

　　"那你认为这女人的梦是不需要解释的了？"塔木德问。"是这样的，梦不是描述一种事实，而是传递一种感觉。或许梦中的感觉比清醒时更为真实。"

philo**so**pher

柏格森：生命的本质在于创新

　　柏格森（1859—1941），法国哲学家，直觉主义和生命哲学的代表人。1889 年获巴黎高等师范学院文学博士学位，1928 年获诺贝尔奖。其哲学宗旨是建立一种以哲学为基础的新的"形而上学"，以摆脱近代科学所采用的抽象的、分析的理智方法，并借助于直觉把握真正的实在，故称为"直觉哲学"。柏格森的哲学显然与唯心论和唯物论都不一样，他一方面对法国的传统，如笛卡尔的心物二元论，保持欣赏的态度；另一方面，他以实证科学研究自然界时，也肯定精神上开展的可能性。所以，他思索的是：到底人的生命意义在什么地方？人的生命意义如何界定？

"哲学家大道"与午夜阳光

四岁那年,柏格森一家来到瑞士的日内瓦,这个依山傍水、风景如画的世界名城,深深吸引着柏格森。高耸的勃朗峰的雪顶倒映在波光粼粼的莱蒙湖上,湖光山色,浑然一体……然而在日内瓦,对这个未来哲学家一生影响最大的并不是这些湖光山色,而是城内的一条大街——哲学家大道。不知道是什么原因,或许是由于这儿离柏格森父亲任教的日内瓦公立艺术学校比较近,或许是上帝的有意安排,柏格森一家正好住在哲学家大道。虽然当时幼小的柏格森显露出了某种哲学家的气质,但是,谁也没有想到这预示着柏格森今后一生的道路。

在柏格森六岁那年,他和父母旅居在北欧的一个国家。一天,已经是午夜时分了,然而铺满大地的不是重重的黑暗,而是耀眼夺目的阳光。柏格森面对这一自然界的奇景,木然不动,似乎在一刹那间化为一具蜡像。他感到吃惊,内心充满了好奇。他沉浸在神话的幻想里,是不是太阳神阿波罗想让他的孪生姐姐月神阿尔忒弥斯多休息一会儿? 神话是哲学的母体,也许这午夜的阳光正哺育着未来的大哲学家的头脑。他久久地观察着这白昼的绵延,这午夜的阳光是地球北极圈以北地区特有的"白夜"现象,对于这样的奇特现象,柏格森怎能不入神呢? 他神情专注而严肃,仿佛忘记了母亲就在他身边。母亲慈爱地望着儿子,没有催促他上床去睡觉,也没有用话语去打扰他,她知道,这午夜的阳光正撞击着小柏格森的心灵。

　　童年的柏格森，像其他男孩子一样顽皮和淘气。在他六七岁的时候，就有一口的坏牙了，但他害怕去看牙医，因为牙医对于坏牙没有一点仁慈心，总是残酷无情地把它们一个个拔掉。于是，他一旦坐上牙医的椅子，就故意拼命叫喊。后来，牙医为了让小柏格森安静下来，总是往他的口袋里塞半个法郎，这样他才勉强漱一下口。他知道半个法郎可以买到10条大麦糖，他还能猜出，这是他父母和牙医之间商量出来以使自己安静的办法。所以，他依然我行我素，仍旧采取对抗牙医的态度，结果他父母让步了，没有让牙医把柏格森的坏牙全拔光。小柏格森的顽皮和淘气，从中可见一斑。

讲座明星

　　1859年10月18日，柏格森出生于巴黎一个犹太音乐世家，9岁起他就在巴黎孔多塞高级中学读书，在校10年间，他在自己所学的所有课程上都获得过奖学金。中学校长在他报考大学的推荐信上写了这样的话："柏格森是本校最优秀的学生。"

　　1881年，柏格森从巴黎高等师范学院毕业，获得"文科硕士"学位和"哲学合格教师"证书。1897年，他担任法兰西学院讲师，3年后被聘为教授，主持"希腊罗马哲学"和"现代哲学"讲座，开始了在法兰西学院20多年的讲座生涯。他的讲演思想深邃、推理严密、言辞美妙，极受听众欢迎，以至于每当柏格森讲课时，离开讲还有一个小时，甚至两三个小时，听课的人就从四面八方赶来等待着。其中有教授、大学生、传教士、官吏、军官、社交名媛……教室里座无虚席，甚至连讲台边、过道上、门口和窗户上都挤满了人。他讲课时，听众屏息倾听，寂然无声，犹如在教堂祈祷一般。待他讲完，人们报以热烈的掌声，然后欣然离去。

柏格森发表了一系列有影响力的著作，使他名声大振，一时间出现了"柏格森热"。他的演讲被认为是当时巴黎上流社会的大事，追逐时髦的巴黎人都慕名前往听课。贵妇人们甚至把柏格森的讲堂变成了社交沙龙。

这个哲学家也是外交家

第一次世界大战进入僵持阶段，法国此时已经精疲力尽，迫切需要得到美国的援助，在西班牙取得外交胜利的柏格森，受命于危难之际，前往美国游说。柏格森在华盛顿待了几个月，在促使美国参战方面起到了重要作用。他以法国政府代表的身份与威尔逊总统进行了两夜长谈。有人对此评价道："也许正是因为他这两夜的长谈，才使得第一次世界大战的整个局势，有了日后的大转变。"把美国的参战归结于柏格森用语词打动了威尔逊，显然是过分夸大了柏格森的作用。不过柏格森在美国所表现出来的外交才能确实给人们留下了深刻的印象。四年前，柏格森以哲学家的形象出现在美国人面前，如今他以外交家的身份来招待新大陆的记者们。有一次，三个记者不约而同地叩响了柏格森的房间，柏格森正要出去从事外交活动，但又不能把堵在门口的记者赶走，于是决定来一个"闪电战"。他拿起笔对记者们说："请各位把来意和问题全都说出来吧。"他一面倾听记者们的话语，一面奋笔疾书。当三位记者话音刚落，柏格森就从椅子上站了起来，一面做出送客的姿态，一面向三位记者各递过去一张纸，微笑着说："你们所问的问题，以及所要的答案，我都写在纸上了。"三位记者拿着纸片，个个都对柏格森如此敏捷的头脑敬佩不已。

1917 年 4 月，美国政府抛开"中立"的面具，对德宣战。5 月 28 日，美国的潘兴将军带领 2000 名士兵开赴法国。6 月 5 日，美国 34 艘驱逐舰从昆斯敦出发，投入太平洋上对德国潜艇的攻击。柏格森为法国政府取得战争胜利立下了功劳。

连续不断的"意识流"

喜爱看电影的读者，一定很熟悉电影艺术中的"蒙太奇"手法，高明的导演常常巧妙地运用这一手法把观众引向艺术意境。匈牙利著名电影理论家巴拉兹曾举过一个例子，要说明两个逃跑的俘虏的长期流浪生活，只要表现不停行走的脚就行了。那些脚在不停地走动，坚实的军靴变成了破鞋，破鞋变成了破布，包在脚上的破布化成了碎布块，最后，流着血的脚还在急速地行走。这些镜头放映不到三分钟，可是观众却以为时间过去了几个月，甚至几年。为什么用这种蒙太奇的手法，能使观众身临其境，感受到艺术的效果呢？因为，我们的意识是不断变化着的"流"，于是就可以在导演的暗示下，把这些镜头连成一片，接受导演传递的时间信息。柏格森认为，这种连续不断的意识活动过程就是绵延。

柏格森指出，艺术家所要表现的时间、空间与艺术欣赏者所在的时间、空间是有距离的。比如，上面的例子中，艺术家表现的时间是长期的流浪生活，表现的空间是某个战地，而观众看这些镜头的时间不足三分钟，所在的地点是电影院。因此，柏格森说："艺术的目的在于麻痹我们人格的活动能力，或者说是抵抗能力。"艺术家选择一些容易引起情感的表面标志，以即刻调动人们内心深处的意识流，使其接受艺术家暗示的观念，引起和艺术家所表达的感情的共鸣。于是，"时间、空间在艺术家意识同我们意识之间所筑起的一道高墙就这样被拆去了"。他认为，绵延作为人的心理深层次的意识状态，是不易被察觉的。然而，人们艺术审美感的获得，是同这种绵延的意识之流的作用分不开的。

柏格森的比喻

"生命冲动"的相逆运动与"汽缸"

柏格森是一个善于运用比喻的哲学家，他用汽缸来比喻"生命冲动"。他说："我们可以设想有一个装满蒸汽的处于高压下的汽缸，汽缸某处有个小孔，蒸汽由此喷出。喷出的蒸汽在空气中几乎全部凝结为小水珠，从而落下。这种凝结和下落明显地表示出丧失了某种东西，表示一种停顿，一种亏空。"向上喷发的蒸汽就是顺着生命冲动的自然方向行进，下落凝结的水珠就是由于生命冲动的逆转而产生的，相当于物质。柏格森用这个比喻来说明，整个世界就是由生命冲动的两种相逆运动而构成的：一方面是生命冲动的向上方向，即有意识、有自动力的生命运动；一方面是生命冲动的向下方向，即机械的、无自动力的物质。所以，他说："生命是运动，物质性是运动的逆转。这两种运动中的每一种都是浑一的，构成世界的物质是不可分割之流，透过物质的生命也好似不可分割之流。"显然，"生命冲动"在柏格森那里不是作为物质运动的一种特殊形式的现实的生命，而是一个精神性的本原。柏格森认为，有意识、有自动力的生命一开始就要遇到机械的、无自动力的物质的抵抗，必须征服物质的抵抗，生命才能向上发展。

"生命冲动"的"超意识"与火箭

生命的冲动不仅创造了有意识的生命，而且也创造了无意识的物质。因而，柏格森认为派生万物的生命冲动与其说是"意识"，不如说是"超意识"。作为超意识的生命冲动是怎样派生出世界万物的呢？为了说明这一点，柏格森又用火箭做了巧妙的比喻。他说："意识，或者宁可说超意识，是生命的本原。意识或超意识是这样一种火箭的名称，其燃烧了的碎片退化为物质，意识则是存在于火箭自身中的东西，它贯穿于碎片之中，并点燃这些碎片使之成为有机体。"就是说，生命的冲动在其过程中，出现了作为它的逆转或退化的产物，那就是无生命的物质。不过，生命冲动仍贯穿于物质之中，虽然受到物质的阻扰，但它奋力在物质中打开一条道路，并且终于学会了如何利用物质，设法与物质结合起来，结果就创造了有机体即有生命的物体。柏格森这里讲的"生命冲动"，不是生命产生意识，而是意识产生生命，意识是超离人的有机体和大脑的。生命冲动的超意识意味着生命和意识完全离开了产生它们的客观物质基础，变成了一种处于现实世界的具体的人以外的神秘力量。

"生命冲动"的路线与喷泉、炸药

生命冲动是怎样作为动力来推动物种进化的呢？柏格森又用了一个新的比喻。他说，一股喷泉向上喷出，必然从统一的源头出发而分化为众多的路线向上发散开来。生命冲动推动物种进化也是如此。物种进化是以同一个生命冲动作为持续的动力，同时又分化出几条歧异的进化路线。物种进化的每一条路线依赖两个系列：第一个系列是"抵抗力"，这是生命在无生命物质那里遇到的；第二个系列是"爆发力"，这是生命自身所具有的。就是说，生命冲动在其持续的过程中，总要遇到物质不同程度的阻扰和抵抗。于是，就有了物质之间的不同结合，形成不同的物种。那么，物种为何变异？新的物种为何产生？柏格森认为，生命冲动在受到物质的阻扰和抵抗后，发生了局部的停滞，有停滞的地方就是产生变异以及形成新的物种的地方。而生命冲动永恒不息地爆发出来，始终作为唯一的动力，贯穿变异、进化的过程之中。

柏格森用下面的理论来说明生物进化中动物和植物的分化，他以炸药做比喻。他说，最初的生物似乎犹豫在动物和植物之间，就是最初生命在一处有两种功用，一是制造炸药，就是利用物质来积蓄潜力；二是点燃炸药，让它爆炸，或者说把炸药运用到运动上去，所谓运动就是释放所积蓄的潜力。以后动物和植物分化开来，这两个歧异的发展方向都是生命冲动的散开。这样生命最初集合在一处的两种功用也就分化开了：植物趋向固定性，专门从事制造炸药；动物趋向运动性，专门从事进行爆炸。

记忆

每个人都有记忆，为什么要特别研究它呢？因为记忆是"心"与"物"相聚合的地方。譬如，我回忆自己从前做过什么事，过去的事已经过去了，但我竟然可以把它回忆起来，回忆代表我的脑把心灵过去所得的经验，重新再回想起来，所以它是脑作用的结果。但这真是脑的作用吗？柏格森特别研究了失语症，他的结论是：人的脑部受伤的话，就会损害他整体的语言能力，而不是脑的某一部分受伤，语言的某一部分就跟着遗失。如果是后者，那么当我们把电脑的芯片放进人脑里，人就可以拥有所有的信息了。电脑可能如此，但人脑却不一样。人脑如果可以分割，每一部分处理不一样的问题，某些人就会加强某一部分脑的功能，让它特别发达。事实上，人脑不是这样的，它是关系到人的整个能力的。

柏格森认为，人的记忆有两种。第一种是像马达一样的机械式记忆，鹦鹉的表现就是一个例子。有一些人对鹦鹉能够说话感到不可思议，其实这没有什么稀奇的，鹦鹉的记忆力对声音特别敏感，它听到声音后会记住学习，再把同样的声音发出来。例如，一只鹦鹉被训练后，见到客人都会叫"欢迎！欢迎！"。但是，当小偷来的时候，它仍然叫"欢迎！欢迎！"。这就属于机械式记忆。另一种记忆属于精神上的记忆，如果从一个人整个的过去中，抽离某一段出来，他的过去不会因此就消失，他照样是整个的生命。所以，我们对于过去发生的事，都会尽量去想愉快的经验，只是在想到时，各种复杂的感情随之出现，爱恨交加。

记忆到底好不好呢？如果所有的记忆都同时存在，人根本不能行动，人在行动时会受到记忆的影响。例如，我要做某件事，我的记忆会告诉我应该怎么做，我要做另一件事，我的记忆又会筛选出另一个模式来。如果我的各种记忆同时出现，我根本不能行动。所以，柏格森探讨记忆时，以大脑为研究对象，是有相当的科学基础的，并不完全是靠玄想的哲学。他研究大脑的结构，看它受伤后有什么症状之类，就是要强调物质与心灵是以这种方式直接联系的。

谈到心灵与身体关系的时候，一般的说法有以下四种：

第一种说法主张身体与心灵是一个整体。柏格森认为这种说法太粗糙了，因为身体与心灵属于两种不同性质的东西，不加分辨就把它们合在一起，似乎不够深刻。

第二种说法主张身体是心灵的工具。譬如，我心里想举右手，我就举右手；我心里想举左手，我就举左手。但是，身体本身似乎缺乏自主性。事实上，并非如此。有时候我的身体接触到什么状况，我的心根本还没有下命令，我的手就打过去了。由此，可以证明我的身体不完全受脑控制，尤其是不完全受思想所控制。

第三种说法主张心灵是身体的一个现象，自身并没有存在的理由。换句话说，我为什么思考呢？因为我的脑正在分泌，所以我思考。

第四种说法主张身心本来就是一体之两面，亦即身心是平行的。

柏格森认为这四种说法都有问题，他认为身体与心灵是两个不一样的东西，不过真正属于人的还是在于心灵方面。柏格森基本上认为：人的自我，就是他的意识；他的意识，就是绵延的整体。因此，身体是我要执行我的意识时的一个工具。因为行动是由身体在表现，任何一个行动，如果是出于我的意识所决定的，就等于由我的整个生命在决定，而且，这个行动是自由的，是属于我的行动。

如果我的行动通过身体表现出来，只是一个机械化的运作，而不是我的整个意识在决定，那么这行动是外在的。譬如，我见人就敬礼，"敬礼"代表什么呢？如果我缺乏整个生命的敬意作为基础，那就不代表尊敬，只不过是我的手在挥一挥而已。有些人笑里藏刀，有些人表面很客气，可是心里却与你作对，这些正是柏格森指出的，人可以表现许多行动，但不属于自己，而属于一般外在性的社会规范。同时，人也可以表现某些行动，是自己真的想要做的。

其次，人的记忆是针对过去的经验对象，而针对现在的对象，则是知觉。譬如，你所感知到的东西是具体的存在，例如茶杯。知觉是依靠心灵所提供的意象，如果没有提供意象，我们又怎么能知道这个东西是茶杯呢？我们知道它是茶杯，因为我们过去看见过茶杯，在我们的记忆里有茶杯的意象，现在看到茶杯的时候就把意象表现出来了。所以，知觉是为了掌握现在的对象，记忆是为了掌握过去的对象，这两者要携手合作。一般而言，知觉是属于身体的作用。我看到这块桌布是黄色的，就桌布是黄色的而言，我不能改变它，但是在我的记忆里桌布可以是蓝色的。所以，记忆就属于精神层面，记忆可以使我们对过去发生的事情做出一些调整。